COLLECTION DES CLASSIQUES POPULAIRES

LA BRUYÈRE

D'après une reproduction de la Bibliothèque Nationale.

COLLECTION DES CLASSIQUES POPULAIRES

LA BRUYÈRE

PAR

Maurice PELLISSON

ANCIEN ÉLÈVE DE L'ÉCOLE NORMALE SUPÉRIEURE, AGRÉGÉ DES LETTRES
INSPECTEUR D'ACADÉMIE

Un volume orné d'un portrait,
reproduit d'après un original de la Bibliothèque Nationale

PARIS

LECÈNE, OUDIN ET Cie, ÉDITEURS

15, RUE DE CLUNY, 15

—

1896

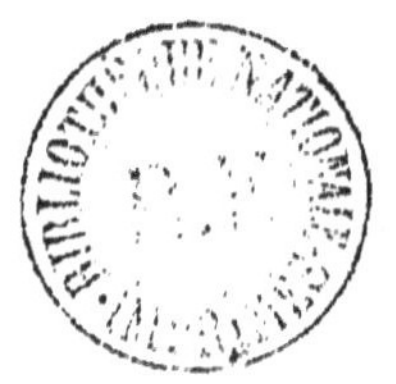

LA BRUYÈRE

L'HOMME

CHAPITRE PREMIER

BIOGRAPHIE DE LA BRUYÈRE.

En 1781, Suard écrivait sur La Bruyère une Notice qui est devenue classique. Voici comme il faisait la biographie de notre auteur :

« Jean de La Bruyère naquit à Dourdan en 1639. Il venait d'acheter une charge de trésorier de France à Caen, lorsque Bossuet le fit venir à Paris pour enseigner l'histoire à M. le Duc ; et il resta jusqu'à la fin de sa vie attaché au prince en qualité d'homme de lettres, avec mille écus de pension. Il publia son livre des *Caractères* en 1687, fut reçu à l'Académie française en 1693, et mourut en 1696. »

Et ceci dit, Suard, sans plus tarder, en venait à l'étude de l'œuvre et du talent de La Bruyère.

Les lecteurs de notre temps, même, et surtout peut-être, les jeunes lecteurs ne se contentent pas de renseignements biographiques si sommaires. Avec une curiosité, où il entre de la piété sans doute, ils veulent tout connaître de la vie des grands hommes ; en pareille matière, il leur faut des informations exactes et complètes ; quand les faits manquent, que les documents font défaut, ils ne répugnent même pas aux conjectures ; ils aiment qu'on leur parle non seulement de ce qu'ont fait les personnages illustres, mais de ce qu'ils auraient pu faire, de ceux qu'ils ont connus, mais de ceux qu'ils auraient pu connaître ; et, ainsi, la biographie de La Bruyère, que Suard faisait tenir en six lignes, prend 168 pages in-8° dans l'édition de M. Servois (1).

Nous tâcherons de résumer exactement ce que

(1) *Collection des Grands Ecrivains*, chez Hachette et Cⁱᵉ, éditeurs.

l'on sait de certain et d'essentiel sur l'auteur des *Caractères*.

Jean de la Bruyère, ou plutôt (comme il signait), *Delabruyère*, naquit à Paris — au cœur même de Paris, — dans la Cité, et non pas à Dourdan, comme longtemps on l'avait cru ; il fut baptisé le 17 août 1645, le lendemain sans doute de sa naissance. Son père, Louis de la Bruyère, contrôleur des rentes de l'Hôtel-de-Ville, appartenait à une famille bourgeoise qui, à la fin du xvi⁰ siècle, avait fait parler d'elle ; un Jean de la Bruyère et son fils Mathias figurèrent en effet parmi les plus ardents partisans de la Ligue. Mais ces ligueurs, à tout prendre, n'ont été peut-être que des brouillons naïfs, comme il s'en est trouvé dans la classe moyenne à toutes les époques troublées, et il se peut que la hardiesse d'esprit de leur illustre descendant ne doive rien, quoi qu'on en ait pu dire, à leurs ardeurs révolutionnaires. En tout cas, le père du moraliste, Louis de la Bruyère, sa mère, Elisabeth Hamonyn, ont été de simples gens, qui n'ont point d'histoire.

Leur fortune était à peine médiocre : un capital de douze mille livres, les revenus de la charge de contrôleur des rentes de la ville de Paris : c'était tout. Avec cela ils élevèrent cinq enfants, trois garçons et deux filles, sur huit qui leur étaient nés ; humble mérite, j'y consens, et pourtant réel mérite. Louis de la Bruyère eut beau être aidé par un frère, Jean de la Bruyère, qui s'enrichit on ne sait comment et qui fut le parrain de notre auteur ; ses charges de famille passèrent ses ressources. L'ordre put bien aussi lui faire défaut ; on sait que ses enfants renoncèrent à sa succession comme à celle de leur mère. A ces indices, je serais tenté d'imaginer que la famille de La Bruyère fut une de ces familles, comme il y en a tant à Paris, où l'on connaît la gêne sans l'embarras, où l'on est gueux et généreux, où l'esprit est ouvert comme la bourse. Si je ne me trompe point, un futur moraliste pouvait trouver son compte dans un pareil milieu.

Il reçut certainement une éducation très complète et de premier ordre. Où se firent ses études ? — « Dans des mémoires particuliers, on marque que ce célèbre auteur avait été de l'Oratoire », écrit un oratorien du xviiie siècle, le Père Adry. De ce texte on a conclu que La Bruyère fut un des élèves de la célèbre congrégation ; en fait, rien n'empêche qu'on le croie. Comme les Port-Royalistes, les Oratoriens, au XVIIe siècle, furent d'excellents éducateurs; ils se déclaraient ouvertement admirateurs de Descartes; dans leurs écoles, ils faisaient une place à l'enseignement du français ; c'étaient de plus de bons hellénistes, propres à former des écoliers capables d'entendre et de traduire Théophraste.

Quoi qu'il en soit, La Bruyère, ses humanités achevées, se prépara au barreau ; en 1665, à vingt ans, il passait ses thèses de licence devant les docteurs régents de l'Université d'Orléans. Plaida-t-il? on ne sait. S'il parut au palais, il ne dut qu'y passer. Il avait pourtant bonne idée de la fonction de l'avocat.

« La fonction de l'avocat, dit-il dans son chapitre de la
« *Chaire*, est pénible, laborieuse, et suppose dans celui
« qui l'exerce un riche fonds et de grandes ressources...
« Il prononce de graves plaidoyers devant des juges qui
« peuvent lui imposer silence et contre des adversaires
« qui l'interrompent. Il doit être prêt sur la réplique ; il
« parle en un même jour, dans divers tribunaux, de diffé-
« rentes affaires. Sa maison n'est pas pour lui un lieu de
« repos et de retraite, ni un asile contre les plaideurs ;
« elle est ouverte à tous ceux qui viennent l'accabler de

« leurs questions et de leurs doutes..... Il se délasse d'un
« long discours par de plus longs écrits, il ne fait que
« changer de travaux et de fatigues : j'ose dire qu'il est
« dans son genre ce qu'étaient dans le leur les premiers
« hommes apostoliques (1). »

Noble ministère, à coup sûr ; mais combien absorbant, combien inconciliable avec cette oisiveté du sage, qui consiste à « méditer, parler,
lire et être tranquille » (2), et dont La Bruyère
était sans doute dès lors épris.

Huit années durant, de 1665 à 1673, il eut la
bonne fortune de s'y pouvoir livrer sans souci et
sans contrainte. Son oncle et parrain, Jean de la
Bruyère, celui qui avait fait fortune, devenu chef
de la famille, à la mort de son frère Louis, vint
habiter sous le même toit que sa belle-sœur ; il
semble qu'il ait mis autour de lui un air d'aisance.
Après sa mort, en 1671, sa succession permit
quelque temps à ses neveux de vivre commodément et d'user « des biens de fortune ». Ils eurent
en commun ses gens, ses chevaux, son carrosse, et
notre La Bruyère habitait alors une chambre car-
relée à neuf, et ornée d'une belle pièce de tapis-

(1) *De la Chaire.*
(2) *Du Mérite personnel.*

serie de Flandre, qui valait plus de 1,400 livres.
Pour qui veut bien juger la vie, il est bon, ce semble, d'avoir eu une jeunesse sans affaires, libre
des tracas et des servitudes d'un métier, et qui,
dans le monde, garde ses coudées franches ; la
pauvreté peut former des hommes d'action ; est-
elle une aussi bonne école pour l'observateur ?
J'ai idée que La Bruyère eût consenti moins aisément « à demeurer chez soi et à ne rien faire »(1),
c'est-à-dire à « méditer », si, au lieu de sa belle
chambre, son logis eût été un grenier.

En 1673 cependant, il parut vouloir renoncer à
cette vie indépendante ; il acquit la charge de trésorier général de France au bureau des finances
de la généralité de Caen. Comme il donnait peu
de soins à l'administration de sa fortune, d'ailleurs modeste, peut-être voulait-il s'assurer ainsi
contre des revers possibles. Au reste, en devenant
trésorier général, il prenait une charge, mais non
un emploi. Après deux mois passés en Norman-
die pour remplir les formalités de son installation,
jamais plus La Bruyère ne reparut à son poste.

(1) *Du Mérite personnel.*

En payant 18,000 livres un titre qui lui rapportait environ 2,300 livres de revenu, il avait pourvu à sa sécurité ; mais on voit que sa liberté ne fut point aliénée.

On a quelques raisons de penser que les dix années durant lesquelles il garda cette sinécure furent les plus fécondes de sa vie. En 1674 il touchait à ses trente ans ; la première jeunesse était passée, et avec elle, les goûts de dissipation. Il arrivait à l'âge où l'on éprouve le besoin de se recueillir, de prendre possession de soi-même, et où la vocation de l'écrivain se décide, parce qu'on sent bien qu'on ne saurait devenir maître de sa pensée, si on ne l'achève par l'expression. La Bruyère vit alors à l'écart, avec ses livres, devant sa table de travail. Il ne se dérange plus que pour rendre service à ceux qui lui en offrent l'occasion.

« O homme important et chargé d'affaires qui, à votre
« tour, avez besoin de mes offices, venez dans la solitude
« de mon cabinet: le philosophe est accessible ; je ne
« vous remettrai point à un autre jour. Vous me trouve-
« rez sur les livres de Platon qui traitent de la spiritua-
« lité de l'âme,... ou la plume à la main pour calculer
« les distances de Saturne et de Jupiter... Entrez, toutes

« les portes vous sont ouvertes ; mon antichambre n'est
« pas faite pour s'y ennuyer en attendant, passez jusqu'à
« moi sans me faire avertir. Vous m'apportez quelque
« chose de plus précieux que l'argent et l'or, si c'est une
« occasion de vous obliger... Faut-il quitter mes livres,
« mes études, mon ouvrage, cette ligne qui est com-
« mencée ? Quelle interruption heureuse pour moi que
« celle qui vous est utile !... (1). »

Ce n'est point là un tableau de fantaisie, où un
auteur se peint en la posture qui lui convient. Un
ennemi de La Bruyère, le chartreux Bonaventure
d'Argonne, qui a écrit sous le nom de Vigneul-
Marville, nous a représenté, dans le même temps,
l'intérieur du philosophe :

« ... Sans supposer d'antichambre ni de cabinet, on avait une grande commodité pour s'introduire soi-même auprès de M. de La Bruyère avant
qu'il eût un appartement à l'hôtel de... (Condé).
Il n'y avait qu'une porte à ouvrir et qu'une chambre proche du ciel, séparée en deux par une légère
tapisserie. Le vent, toujours bon serviteur des
philosophes, courant au-devant de ceux qui arrivaient, levait adroitement la tapisserie, et laissait

____

(1) *Des Biens de fortune.*

---

voir le philosophe, le visage riant et bien content
d'avoir l'occasion de distiller dans l'esprit et le
cœur des survenants l'élixir de ses méditations. »

Ne retrouvons-nous pas là aussi l'homme stu-
dieux et obligeant ? Le témoignage que La Bruyère
s'est rendu discrètement n'est-il pas confirmé par
celui de son détracteur ? A vrai dire, Bonaventure
d'Argonne place son personnage dans un cadre
peu riche. Il ne nie point que La Bruyère, dans sa
retraite, fut laborieux et avenant ; mais il fait entendre que cette retraite n'était guère confortable
et que les vents coulis y régnaient. C'est là l'effort
de sa malice ; ne disputons pas avec elle et recon-
naissons qu'à ce moment la situation de La Bruyère
était peu brillante. Peut-être n'avait-il d'autres
revenus que ceux de sa charge, et il payait très fidèlement une pension de 900 livres à sa mère, avec
laquelle il habitait. On conçoit que la belle ver-
dure de Flandre avait dû céder la place à la légère
tapisserie dont nous parle d'Argonne. Il n'y avait
point là, pensons-nous, de quoi troubler un homme
qui s'est déclaré prêt à « se jeter, à se réfugier dans
la médiocrité » (1), et qui pouvait conserver ce

(1) *Des Biens de fortune.*

qui lui était le plus cher certainement, « le libre emploi du temps, le choix du travail et de l'exercice... le droit d'être seul arbitre de ce qu'on fait ou de ce qu'on ne fait point » (1).

Comment donc et pourquoi, après un si long temps d'indépendance, accepta-t-il la tâche, honorable sans doute, mais à coup sûr assujettissante d'achever l'instruction du petit-fils du grand Condé ? — Il est probable qu'il ne sut pas résister aux instances de Bossuet, avec lequel il était entré en relations dès longtemps, dont il était devenu l'admirateur et le familier, et qui voulait mettre à Chantilly quelqu'un de sa main ? Que sait-on d'ailleurs ? N'est-il pas fort vraisemblable que, son livre des *Caractères* étant déjà projeté et même commencé à cette date de 1684, il pressentit tout ce qu'il pourrait voir et apprendre dans ce milieu nouveau ? Rappelons-nous ce que dit Sainte-Beuve : « Qu'aurait-il été sans ce jour inattendu qui lui fut ouvert sur le plus grand monde, sans cette place de *coin* qu'il occupa dans une première loge au grand spectacle de la vie

(1) *Des Jugements.*

humaine et de la haute comédie de son temps ?
Il aurait été comme un chasseur à qui le gibier
manque, le gros gibier, et qui est obligé de se contenter d'un pauvre lièvre qu'il rencontre en
plaine. La Bruyère, réduit à observer la bourgeoisie, les lettrés, s'en serait tiré encore ; mais
qu'il y aurait perdu, et que nous y aurions perdu
avec lui ! »

Et puis, dans tout moraliste, n'y a-t-il point,
de nécessité, un pédagogue plus ou moins déter-
miné ? Quelle tentation : faire une éducation,
bien plus, l'éducation d'un prince !

Cette tâche une fois entreprise, quels que soient
les motifs qui l'aient décidé à s'en charger, La
Bruyère ne s'y épargna pas. Ce n'était point besogne aisée : un programme d'enseignement très
chargé et qui embrassait la philosophie, l'histoire,
la géographie, l'administration, la mythologie et
même le blason ! Et quel élève ! Lorsque La
Bruyère lui commença ses leçons, le jeune duc
de Bourbon avait seize ans et sortait du Collège
de Clermont (aujourd'hui Louis-le-Grand), où il
venait d'achever sa philosophie. Les bons Pères,
fiers d'avoir un tel écolier et qui n'ont jamais

ménagé leurs complaisances aux grands et aux fils des grands, l'avaient choyé, flatté à l'excès. Point d'enfant qui n'eût été gâté par de pareilles adulations : qu'avaient-elles dû faire du rejeton de cétte race effrénée des Condé ? Au portrait que trace Saint-Simon de ce prince devenu homme, on entrevoit ce qu'il put être dans son adolescence : « C'était un homme très considérablement plus petit que les plus petits hommes, qui, sans être gras, était gros de partout, la tête grosse à surprendre et un visage qui faisait peur... Il était d'un jaune livide, l'air presque toujours furieux, mais, en tout temps, si fier, si audacieux, qu'on avait peine à s'accoutumer à lui... Sa férocité était extrême, et se montrait en tout. C'était une meule toujours en l'air, qui faisait fuir devant elle, et dont ses amis n'étaient jamais en sûreté, tantôt par des insultes extrêmes, tantôt par des plaisanteries cruelles en face, et des chansons qu'il savait faire sur-le-champ, qui emportaient la pièce et qui ne s'effaçaient jamais..... Les insultes et les sorties étaient ses délassements, dont son extrême orgueil s'était fait une habitude et dans laquelle il se complaisait. »

Malgré tant de difficultés, et quelles difficultés !
La Bruyère fit son métier de précepteur en
conscience. Son terrible écolier ne découragea
pas son zèle. Le grand Condé voulut qu'il lui
fût rendu un compte très exact des études de son
petit-fils ; La Bruyère déféra à ce désir, et
17 lettres écrites par lui en 1686 et qui nous ont
été conservées, nous le montrent à l'œuvre. Il y a
intérêt à en citer au moins une.

La Bruyère à Condé.

« Monseigneur,

« Comme mon unique application est d'avancer les
« études de M. le duc de Bourbon, et que je travaille à
« cela à Versailles du matin au soir sans nul relâche-
« ment, ma plus grande joie aussi est d'en rendre compte
« à Votre Altesse Sérénissime. Je m'abstiens souvent de
« lui écrire afin de ne point tomber en des redites, et
« j'attends quelquefois que nous ayons passé à des choses
« nouvelles, afin qu'elle en soit exactement informée, et
« de tout le chemin que nous faisons. J'entrerai demain
« dans l'histoire de Charles VIII... »
*Suit un compte rendu très détaillé des matières qui ont
été récemment vues et de celles qui doivent être prochaine-
ment étudiées. Après quoi La Bruyère reprend ainsi :*
« Une lettre qu'elle (Votre Altesse) a écrite il y a bien
« quinze jours à Monsieur le Duc a fait ici le mieux du

« monde. Je m'en suis trouvé soulagé par un renouvel-
« lement d'attention qui m'a fait deviner, Monseigneur,
« que vous aviez parlé sur le ton qu'il faut, et Monsieur
« le Duc me l'a confirmé. Dès que l'application tombera,
« je vous en avertirai ingénument, car je sens de la
« peine à tromper ceux qui se reposent sur moi de quel-
« ques soins, et je ne commencerai point par Votre Altesse
« Sérénissime à faire un effort qui me coûte et qui lui
« déplaise. Je voudrais de toute mon inclination avoir
« six grandes heures par jour à bien employer auprès de
« Son Altesse ; je vous annoncerais d'étranges progrès,
« du moins pour mon fait et sur les choses qui me
« regardent. Et si j'avais l'honneur d'être chargé de
« tout, comme j'ai eu l'honneur de le croire, j'en répon-
« drais aussi sûrement ; mais j'ai des collègues, et qui
« font mieux que moi et avec autant de zèle. Vous devez
« du moins être très persuadé, Monseigneur, que le peu
« de temps que j'use auprès de Monsieur le duc de Bour-
« bon lui est fort utile, qu'il sait très bien ce que je lui
« ai appris, qu'il n'est pas aisé même de le mieux savoir,
« et que je viserai toujours à ce qu'il emporte de toutes
« mes études ce qu'il y a de moins épineux et qui con-
« vient davantage à un grand prince. Je suis... etc. »

A travers les atténuations et les réserves
imposées, cette lettre laisse deviner combien le
rôle de La Bruyère était malaisé à tenir, quelle
peine il dut avoir à obtenir l'attention ou même
la docilité de son élève, et comment son action
tait mal secondée par les autres maîtres du jeune

duc, qui, pour la plupart, étaient des Jésuites.
N'importe : il se donnait tout entier à sa tâche ;
loin d'éprouver de la fatigue ou de la répugnance,
on voit par certains passages de cette lettre qu'il
regrettait qu'elle ne fût pas plus lourde et que sa
responsabilité fût partagée. Surtout on sent la
probité absolue, les scrupules de sincérité qu'il
apportait dans son œuvre d'éducateur, et comment
il n'était point homme à se tenir quitte, la leçon
donnée, devant sa conscience.

Un témoignage précieux entre tous fut rendu
d'ailleurs à la valeur de son enseignement. Un
jour, Bossuet vint assister à une des leçons de La
Bruyère au moment où il expliquait les *Principes* de
Descartes. La nouvelle se répandit dans l'hôtel de
Condé que le grand évêque s'était retiré fort content. Bien plus, l'élève de La Bruyère déposa en
faveur de son maître : « Il avait, dit Saint-Simon,
de l'esprit, de la lecture, *des restes d'une excellente
éducation.* » Assurément La Bruyère fut un maître
accompli, et ce qu'il n'obtint pas ne pouvait sans
doute pas s'obtenir.

Cette éducation laborieuse prit fin, après deux
années, vers le mois de décembre 1686 ; le jeune

duc de Bourbon était déjà marié ; son grand-père, le grand Condé, mourut à cette époque, et le jeune homme devenait ainsi *Monsieur le Duc*. La Bruyère ne quitta point pourtant la maison de Condé. « Il y demeura, dit l'abbé d'Olivet, en qualité d'homme de lettres, avec mille écus de pension. » Preuve qu'on avait été satisfait de ses services ; comme précepteur, il ne touchait que 1,500 livres.

Qu'était-ce que cette situation nouvelle ? Il est malaisé de le dire précisément ; La Bruyère faisait sans doute office de bibliothécaire et de secrétaire, à l'occasion. Certainement il retrouva alors le loisir et la liberté d'esprit qui, durant son préceptorat, avaient dû très fort lui manquer.

Aussi ne tarda-t-il point à songer à publier le livre que, depuis longtemps sans doute, il mûrissait en secret. Le 19 mai 1687, Boileau écrivait à Racine : « Maximilien (c'est un sobriquet qu'il donnait, on ne sait pourquoi, à La Bruyère) m'est venu voir à Auteuil, et m'a lu quelque chose de son *Théophraste*. » L'année suivante, 1688, « *Les Caractères de Théophraste traduits du grec avec les Caractères ou les Mœurs de ce siècle* » paraissaient à Paris, chez Estienne Michallet,

premier imprimeur du roi. Au dire d'un contem-
porain, La Bruyère n'affronta point la publicité
d'un cœur léger : « Je surprendrais bien des personnes, écrit en 1695 ou 1696 l'avocat Brillon, si
je leur disais que l'auteur de l'ouvrage en ce siècle
le plus admiré a été dix ans au moins à le faire et
presque autant à balancer s'il le produirait. »
Brillon exagère peut-être quelque peu ; mais il
est vrai que La Bruyère, en consultant ses amis
les plus sûrs, ne trouvait que des encouragements
équivoques : « Voilà, lui disait le grave M. de
Malezieu, qui avait tant d'autorité dans la société
de Bossuet, voilà de quoi vous attirer beaucoup
de lecteurs et beaucoup d'ennemis. » Sur un pareil
mot, comment ne pas rester en suspens ? —
Au XVIIIe siècle, Formey, secrétaire perpétuel de
l'Académie de Berlin, a conté une anecdote qu'on
aimerait à croire vraie ; car, en ce cas, La
Bruyère eût triomphé de ses hésitations pruden-
tes, non par amour de la réputation, mais par un
sentiment de générosité délicate et de tendresse
pour l'enfance. Il faut citer ce joli trait.

« M. de La Bruyère venait presque journelle-
ment s'asseoir chez un libraire nommé Michallet,

où il feuilletait les nouveautés, et s'amusait avec un enfant fort gentil, fille du libraire, qu'il avait pris en amitié. Un jour, il tira un manuscrit de sa poche, et dit à Michallet : « Voulez-vous imprimer ceci (c'était les *Caractères*) ? Je ne sais si vous y trouverez votre compte ; mais, en cas de succès, le produit sera la dot de ma petite amie ». Le libraire, plus incertain de la réussite que l'auteur, entreprit l'édition ; mais à peine l'eut-il exposée en vente qu'elle fut enlevée, et qu'il fut obligé de réimprimer, plusieurs fois de suite, ce livre qui lui valut deux ou trois cent mille francs ; et telle fut la dot imprévue de sa fille, qui fit, dans la suite le mariage le plus avantageux. »

Ce livre, qui, d'un coup, rendit son auteur célèbre, et le mit au premier rang, n'était pourtant qu'un mince volume ; cette première édition, de format in-12, ne contenait, y compris la traduction de Théophraste, que 360 pages d'un texte fort espacé. Le scandale n'était pour rien non plus dans le bruit qu'il fit ; car il ne donnait encore aucun de ces portraits qui vinrent plus tard et dont la malignité publique s'amusait à chercher les originaux. Mais, à cette fin d'un siècle qui avait produit tant de chefs-d'œuvre, quand les grands hommes avaient disparu ou se taisaient, le public fit fête à cet écrivain d'un tour d'esprit si neuf et d'une forme si originale.

La réussite donna à La Bruyère de la confiance et même de l'audace : en moins de deux ans, cinq éditions avaient été épuisées ; et chacune d'elles était revue et surtout considérablement augmentée par l'auteur. De plus, ce succès de vogue était soutenu et relevé par des approbations flatteuses venues de bonne part. A moins d'une modestie exagérée, La Bruyère pouvait donc se croire digne des honneurs académiques, qui, alors, semblaient être la suprême consécration du mérite littéraire.

Une première fois il se présenta en 1691 ; il s'agissait de remplacer Benserade. En présence des deux candidats, Tourreil, traducteur de Démosthène, et La Bruyère, les académiciens n'arrivaient pas à se départager. Quelqu'un proposa de nommer un certain Pavillon, auteur de poésies légères ; on se mit d'accord aisément sur cette candidature imprévue et cet homme inoffensif. La Bruyère dut attendre une autre occasion ; du moins il avait été fidèlement soutenu par sept académiciens, au nombre desquels on sait qu'il faut compter le spirituel Bussy-Rabutin ; ce n'était point un mince suffrage.

En 1693, il y eut deux nouvelles vacances : l'abbé de la Chambre et Bussy venaient de mourir. La Bruyère, cette fois, fut élu en remplacement de l'abbé de la Chambre, et l'abbé Bignon succédait à Bussy. Notre auteur avait eu pour patrons les hommes les plus éminents : Bossuet, Racine, le secrétaire perpétuel de la compagnie, Régnier-Desmarais. Ce qui n'empêcha pas que son élection provoqua une clameur. Suivant le mot de M. de Malézieu, les *Caractères* lui avaient fait « beaucoup d'ennemis », et, en première ligne, les rédacteurs du *Mercure Galant*, qu'il avait mis « immédiatement au-dessous de rien ». On prétendit que son succès n'avait été obtenu « qu'à l'aide des plus fortes brigues qui aient jamais été faites. » Il est vrai que le contrôleur général Pontchartrain était intervenu dans l'élection ; mais le billet de recommandation qu'il écrivit à Renaudot, à d'autres peut-être, plaidait la cause de l'un et l'autre candidat, et il est à croire qu'une médiation de ce genre était assez dans les usages pour que les gens de bonne foi n'eussent pas de quoi s'en étonner ou s'en indigner. L'élection de La Bruyère ayant été, malgré les clabauderies, approuvée par le roi, il fallut chercher à lui nuire d'autre façon. Le jour de la réception, deux heures avant la séance, si l'on en croit Boursault, Messieurs de l'Académie trouvèrent sur leur table cette épigramme :

Quand pour s'unir à vous, Alcippe se présente,
   Pourquoi tant crier haro ?
   Dans le nombre de quarante
   Ne faut-il pas un zéro ?

De plus, on ménagea à l'abbé Bignon un succès très vif et auquel le pauvre homme ne s'attendait guère : il finissait son discours, très banal et très bref, quand l'archevêque de Paris, M. de Harlay, vint à entrer en séance. On pria l'orateur de reprendre ; et, s'étant exécuté, il recueillit de bruyants applaudissements. Quand La Bruyère parla à son tour, on l'écouta en silence ; ceux qu'il louait ne pouvaient l'applaudir ; ses ennemis dont il ne disait rien, étaient heureux de pouvoir se taire. Pour comble de misère, il dut subir une réponse désobligeante de Charpentier, directeur de l'Académie, qui, bien que fort partisan des modernes, loua Théophraste aux dépens du récipiendaire. Ce n'est pas tout : les derniers fervents de Corneille essayèrent d'empêcher l'impression du discours de La Bruyère, sous prétexte qu'il avait sacrifié le vieux poète à Racine. Il courut maintes chansons et épigrammes :

> Les quarante beaux esprits,
> Grâce à Racine, ont pris
> L'excellent et beau La Bruyère,
> Dont le discours ne fut pas bon...
> Du dernier, je vous en réponds,
> Mais de l'autre, non, non.....

> Avec d'assez brillants traits
> Il fit de faux portraits.
> Racine au-dessus de Corneille
> Pensa faire siffler, dit-on...
> Du dernier je vous en réponds ;
> Mais de l'autre, non, non.

> Quand au grand Corneille on s'obstine
> De vouloir préférer l'ambitieux Racine,
> Je l'avouerai, je prendrais feu
> Si quelque grand auteur entrait dans la carrière ;
> Mais lorsque je n'y vois que le seul La Bruyère,
> Je dis : Il m'importe fort peu
> Que Pascal soit devant ou Pascal soit derrière.

Malgré tout, la harangue de La Bruyère fut imprimée et admise dans les archives et le recueil de l'Académie. Mais il avait su de quel prix s'achètent les honneurs littéraires ; et, il faut le dire, il n'acquitta pas son tribut de bonne grâce. Quand il publia son discours, il le fit précéder d'une préface, où ses ennemis sont fort malmenés, mais qui ne peut rien ajouter à sa réputation.

Trois ans plus tard, il mourut brusquement. Il avait renoncé à rien ajouter à ses *Caractères* ; vivant de plus en plus dans la société de Bossuet, préoccupé des questions qui faisaient l'entretien du cercle du grand évêque, il préparait des dialogues sur le Quiétisme ; et l'on comprend que, théologie à part, les écarts de cette doctrine nouvelle pouvaient tenter la verve d'un moraliste satirique. Le 8 mai 1696, l'ouvrage était assez avancé pour qu'il pût en faire une lecture à Antoine Bossuet, frère de l'évêque de Meaux ; dans la nuit du 10 au 11 mai, il succombait à une attaque d'apoplexie :

« Quatre jours auparavant, dit l'abbé d'Olivet, il était à Paris dans une compagnie de gens qui me l'ont conté, où tout à coup il s'aperçut qu'il devenait sourd, mais absolument sourd. Point de douleur cependant. Il s'en retourna à Versailles, où il avait son logement à l'hôtel de Condé ; et une apoplexie d'un quart d'heure l'emporta. »

CHAPITRE II

CARACTÈRE DE LA BRUYÈRE.

La vie de La Bruyère, on vient de le voir, a été celle d'un sage ; il ne fut et ne voulut être qu'un homme de lettres ; point d'autre événement dans sa carrière que la publication de son livre.

A bien prendre les choses, cela peut suffire pour faire apprécier très favorablement son caractère.

Mais, avec lui, nous avons affaire à un moraliste, c'est-à-dire à un homme qui se mêle de « *déployer*…. les pensées, les sentiments et les mouvements des hommes », de « *découvrir* le principe de leurs malices et de leurs faiblesses (1) », en un mot, de les juger. Or, qui ne sait que pour juger autrui, nous n'avons, au vrai et en dernière analyse, d'autre mesure que nous-mêmes ? que nous donnons à tout, de façon plus

____

(1) *Discours sur Théophraste.*

ou moins marquée, la couleur et la forme de notre âme ? La Bruyère a bien senti cela, quand il écrivait : « Nous n'approuvons les autres que par les rapports que nous sentons qu'ils ont avec nous-mêmes ; et il semble qu'estimer quelqu'un, c'est l'égaler à soi » (1). Il vaut donc la peine de chercher à connaître en détail et de près le caractère de notre auteur.

Sa vie, si unie et comme cachée, ne nous apportera guère de clartés en cet examen. « Si, dit Sainte-Beuve, il n'y a pas une ligne de son livre unique, qui, depuis le premier instant de la publication, ne soit venue et restée en pleine lumière, il n'y a pas, en revanche, un détail particulier de l'auteur qui soit bien connu. Tout le rayon du siècle est tombé juste sur chaque page du livre, et le visage de l'homme qui le tenait ouvert à la main s'est dérobé. » Les contemporains n'ont parlé de La Bruyère qu'en passant, et souvent d'une manière vague. Ce que nous pouvons apprendre sur lui de plus significatif et de plus intéressant, c'est encore dans les pages qu'il a

(1) *Des Jugements.*

2*

écrites que nous le trouverons ; car quelques-unes ont un accent si personnel, qu'elles sont, on ne peut s'y méprendre, de véritables confidences.

Avant tout il importe de prévenir contre une erreur où il serait aisé de se laisser induire par l'œuvre même de La Bruyère. Les *Caractères* ne nous peignent que les vices, les travers, les sottises de l'homme ; on pourrait donc être tenté de croire que l'auteur de ce livre n'avait que dureté et dédain pour l'humanité. C'est une méprise, où Voltaire est tombé quand il parle de l'amertume, de la *misanthropie forcée* de La Bruyère. Est-on donc misanthrope, pour savoir discerner les défauts des hommes, lorsque d'ailleurs on a dans l'âme de quoi ressentir leurs misères et les plaindre ? Et n'y a-t-il pas place dans cette œuvre d'une observation si aiguë, pour des accents venus du cœur et pleins d'une pitié tendre et profonde ?

« Il y a une espèce de honte d'être heureux à la vue
« de certaines misères (1). »
« L'on voit certains animaux farouches, des mâles et
« des femelles, répandus par la campagne, noirs, livides

(1) *De l'Homme.*

« et tout brûlés du soleil, attachés à la terre qu'ils fouil-
« lent et qu'ils remuent avec une opiniâtreté invincible ;
« ils ont comme une voix articulée, et quand ils se lèvent
« sur leurs pieds, ils montrent une face humaine, et en
« effet ils sont des hommes. Ils se retirent la nuit dans
« des tanières, où ils vivent de pain noir, d'eau et de
« racines ; ils épargnent aux autres hommes la peine de
« semer, de labourer et de recueillir pour vivre, et méri-
« tent ainsi de ne pas manquer de ce pain qu'ils ont
« semé (1) ! »

« Il y a des misères sur la terre qui saisissent le cœur ;
« il manque à quelques-uns jusqu'aux aliments ; ils
« redoutent l'hiver, ils appréhendent de vivre. L'on
« mange ailleurs des fruits précoces ; l'on force la terre
« et les saisons pour fournir à sa délicatesse ; de simples
« bourgeois, seulement à cause qu'ils étaient riches, ont
« eu l'audace d'avaler en un seul morceau la nourriture
« de cent familles. Tienne qui voudra contre de si
« grandes extrémités : je ne veux être, si je le puis,
« heureux ni malheureux ; je me jette et me réfugie dans
« la médiocrité (2). »

Est-ce là le langage d'un ennemi des hommes ?
Et cette pitié ne restait pas stérile ; elle se tra-
duisait en bonté et en bienfaisance, nous en
avons pour garant ce passage où La Bruyère se
montre si heureux de tout laisser pour rendre un

(1) *De l'Homme.*
(2) *Des Biens de fortune.*

service : « Entrez, toutes les portes vous sont ouvertes..... Vous m'apportez quelque chose de plus
précieux que l'argent et l'or, si c'est une occasion de vous obliger. »

Et ailleurs :

« Il vaut mieux s'exposer à l'ingratitude que de man-
« quer aux misérables (1). »

« C'est assez pour soi d'un fidèle ami ; c'est même
« beaucoup de l'avoir rencontré ; on ne peut en avoir
« trop pour le service des autres (2). »

« Il y a du plaisir à rencontrer les yeux de celui à qui
« l'on vient de donner (3). »

Bien plus, cette bonté va jusqu'à la tendresse.
N'est-ce pas La Bruyère qui regrette que la source
de nos larmes ne soit pas inépuisable, et qu'on
n'ait point dans le cœur « de quoi toujours pleu-
rer et toujours aimer (4) ? »

Voltaire s'est donc mépris ; et Sainte-Beuve
voit plus juste quand il remarque « combien la
beauté humaine du cœur de La Bruyère se déclare
énergiquement à travers la science inexorable

(1) *Du Cœur.*
(2) *Id* .
(3) *Id.*
(4) *Id.*

de son esprit ». Son âme fut sans illusions, mais non pas sans amour.

On aimerait savoir comment il vécut avec les siens. N'est-ce pas dans la famille que l'homme se montre, pour ainsi dire, avec son cœur de tous les jours ? Par malheur, ses parents étaient de trop petites gens pour qu'on ait parlé d'eux. Son père mort, il habita avec sa mère, plus de vingt années durant, et ne la quitta que lorsqu'il dut aller loger à l'hôtel de Condé. Il s'acquitta très exactement de ses obligations vis-à-vis de ses frères ; et même, avec l'un d'eux, nommé Louis, il paraît avoir fait plus que son devoir. A la mort de leur père, il lui laissa prendre l'office paternel, et, bien que ce frère semble avoir été un personnage un peu vaniteux et léger, La Bruyère en plus d'une circonstance s'effaça devant lui. Au reste, même après que Louis se fut marié, les deux frères continuèrent à vivre sous le même toit. Assurément il n'y a en tout ceci que des indices ; ils nous engagent pourtant à penser que le respect et l'amour de la famille tenaient solidement au cœur de La Bruyère. Il estimait en tout cas que les discordes domestiques sont chose fort triste et fort laide, comme une plaie qu'on cache soigneusement.

« L'intérieur des familles est souvent troublé par les
« défiances, par les jalousies et par l'antipathie, pen-
« dant que des dehors contents, paisibles et enjoués
« nous trompent, et nous y font supposer une paix qui
« n'y est point; il y en a peu qui gagnent à être appro-
« fondies. Cette visite que vous rendez vient de sus-
« pendre une querelle domestique, qui n'attend que
« votre retraite pour recommencer » (1).

Ce qui pourrait donner l'idée la moins avantageuse de la sensibilité de La Bruyère, c'est son opinion sur les enfants.

« Les enfants sont hautains, dédaigneux, colères, en-
« vieux, curieux, intéressés, paresseux, volages, timides,
« intempérants, menteurs, dissimulés; ils rient et pleu-
« rent facilement; ils ont des joies immodérées et des af-
« flictions amères sur de très petits sujets; ils ne veulent
« point souffrir de mal, et aiment à en faire. Ils sont
« déjà des hommes.
« Les enfants n'ont ni passé ni avenir, et, ce qui ne
« nous arrive guère, ils jouissent du présent.
« Le caractère de l'enfance paraît unique; les mœurs,
« dans cet âge, sont assez les mêmes; et ce n'est qu'avec
« une curieuse attention qu'on en pénètre la différence;
« elle augmente avec la raison, parce qu'avec celle-ci

(1) *De la Société et de la conversation.*

« croissent les passions et les vices, qui seuls rendent les
« hommes si dissemblables entre eux, et si contraires à
« eux-mêmes.

« Les enfants ont déjà de leur âme l'imagination et la
« mémoire, c'est-à-dire, ce que les vieillards n'ont plus ;
« et ils en tirent un merveilleux usage pour leurs petits
« jeux et pour tous leurs amusements : c'est par elles qu'ils
« répètent ce qu'ils ont entendu dire, qu'ils contrefont ce
« qu'ils ont vu faire ; qu'ils sont de tous métiers, soit qu'ils
« s'occupent en effet à mille petits ouvrages, soit qu'ils
« imitent les divers artisans, par le mouvement et par
« le geste ; qu'ils se trouvent à un grand festin, et y font
« bonne chère ; qu'ils se transportent dans des palais et
« dans des lieux enchantés ; que, bien que seuls, ils se
« voient un riche équipage et un grand cortège ; qu'ils
« conduisent des armées, livrent bataille, et jouissent du
« plaisir de la victoire ; qu'ils parlent aux rois et aux plus
« grands princes ; qu'ils sont rois eux-mêmes, ont des
« sujets, possèdent des trésors qu'ils peuvent faire de
« feuilles d'arbres ou de grains de sable ; et, ce qu'ils
« ignorent dans la suite de leur vie, savent à cet âge être
« les arbitres de leur fortune, et les maîtres de leur
« propre félicité.

« Il n'y a nuls vices extérieurs et nuls défauts du corps
« qui ne soient aperçus par les enfants ; ils les saisissent
« d'une première vue, et ils savent les exprimer par des
« mots convenables ; on ne nomme point plus heureuse-
« ment. Devenus hommes, ils sont chargés, à leur tour,
« de toutes les imperfections dont ils se sont moqués.

« L'unique soin des enfants est de trouver l'endroit fai-
« ble de leurs maîtres, comme de tous ceux à qui ils sont
« soumis. Dès qu'ils ont pu les entamer, ils gagnent le

« dessus, et prennent sur eux un ascendant qu'ils ne per-
« dent plus. Ce qui nous fait déchoir une première fois de
« cette supériorité à leur égard, est toujours ce qui nous
« empêche de la recouvrer.

« La paresse, l'indolence et l'oisiveté, vices si naturels
« aux enfants, disparaissent dans leurs jeux, où ils sont
« vifs, appliqués, exacts, amoureux des règles et de la
« symétrie, où ils ne se pardonnent nulle faute les uns
« aux autres, et recommencent eux-mêmes plusieurs fois
« une seule chose qu'ils ont manquée : présages certains
« qu'ils pourront un jour négliger leurs devoirs, mais
« qu'ils n'oublieront rien pour leurs plaisirs.

« Aux enfants tout paraît grand, les cours, les jardins,
« les édifices, les meubles, les hommes, les animaux : aux
« hommes les choses du monde paraissent ainsi, et j'ose
« dire, par la même raison, parce qu'ils sont petits.

« Les enfants commencent entre eux par l'état popu-
« laire, chacun y est le maître ; et, ce qui est bien natu-
« rel, ils ne s'en accommodent pas longtemps et passent
« au monarchique. Quelqu'un se distingue, ou par une
« plus grande vivacité, ou par une meilleure disposition
« du corps, ou par une connaissance plus exacte des jeux
« différents et des petites lois qui les composent ; les au-
« tres lui défèrent, et il se forme alors un gouverne-
« ment absolu qui ne roule que sur le plaisir. » (1)

Certes, dans ce portrait, La Bruyère ne prête
pas aux enfants plus de défauts qu'ils n'en ont ;
mais il est bien véritable qu'il les juge sans

(1) *De l'Homme.*

complaisance. Nous avons aujourd'hui, pour cet âge, des tendresses un peu mièvres, qui s'effarouchent des paroles tranchantes du moraliste. Mais il faut nous dire qu'il n'était peut-être pas aussi rude qu'il nous le paraît : souvenons-nous qu'il aimait la petite Michallet, jouait avec elle et l'appelait *sa petite amie*. Songeons d'ailleurs que ses pensées sur les enfants, il ne les a écrites que lorsqu'il était déjà un vieux garçon, irrévocablement condamné au célibat ; elles n'ont en effet paru pour la première fois que dans la quatrième édition. Or, qui sait si le célibat ne fut point une des tristesses de la vie de La Bruyère ? Ne lit-on pas ces lignes mystérieuses et émues à la fin du chapitre du *Cœur* ?

« Il y a quelquefois dans le cours de la vie de si chers « plaisirs et de si tendres engagements que l'on nous dé- « fend, qu'il est naturel de désirer du moins qu'ils fussent « permis ; de si grands charmes ne peuvent être surpas- « sés que par celui de savoir y renoncer par vertu. »

Il n'a connu que les enfants des autres et leur a été peu indulgent. En pareil cas, c'est assez l'ordinaire ; et cela s'explique chez lui comme chez d'autres, par un peu d'envie et beaucoup de regrets, mais ne prouve rien contre son cœur.

Il se peut que l'amitié l'ait consolé de la solitude de son foyer. Il s'en faisait une très haute idée et une idée très délicieuse :

« Il y a un goût dans la pure amitié où ne peuvent
« atteindre ceux qui sont nés médiocres (1). »

« Etre avec des gens qu'on aime, cela suffit ; rêver,
« leur parler, ne leur parler point, penser à eux, penser
« à des choses plus indifférentes, mais auprès d'eux,
« tout est égal (2). »

Tout ce qu'il a dit de ce sentiment montre qu'il l'a profondément et délicatement senti, qu'il l'a comme épuisé. Dans le beau chapitre de Montaigne sur l'*Amitié*, il y a sans doute plus d'effusion ; mais on n'y trouve rien qui aille plus avant que des traits comme ceux qui suivent :

« Quelque désintéressement qu'on ait à l'égard de
« ceux qu'on aime, il faut quelquefois se contraindre
« pour eux, et avoir la générosité de recevoir (3). »

« L'on peut avoir la confiance de quelqu'un sans en
« avoir le cœur. Celui qui a le cœur n'a pas besoin de
« révélation ou de confiance ; tout lui est ouvert (4). »

(1) *Du Cœur.*
(2) *Id.*
(3) *Id.*
(4) *Id.*

On devine par là ce qu'il dut être pour ses amis;
mais il le faut deviner. Car sur ce point encore
les renseignements nous manquent. Nous savons
tout au plus quels sont ceux qui vécurent en
relations avec La Bruyère. Leurs noms du moins
nous apprennent que, comme Molière, il pense
que

Avec lumière et choix cette union veut naître.

Car ses amis se nomment Bossuet, le plus
ancien et, malgré son grand nom, le plus intime
de tous, Malezieu, Boileau, Racine. Dans la maison des Condé, il avait aussi connu Santeul, qui
écrivait avec talent des poésies latines et se livrait,
pour égayer ses maîtres, à toute sorte de bouf-
fonneries. Entre La Bruyère et « cet enfant à
cheveux gris », quelle différence d'humeur ! Mais
Santeul était « bon homme, plaisant homme,
excellent homme » (1). Cela suffit pour lui attacher La Bruyère, qui le loua avec justesse, le pei-
gnit sans flatterie, mais avec complaisance, et qui lui
donnait sur un ton d'affectueuse gronderie des avis

(1) *Des Jugements.*

sensés dont Santeul eut le malheur de ne point profiter. Nous avons une lettre où, avec une bonne
grâce souriante, il le tance de ses enfantillages.
Cette pièce confirme certains témoignages des contemporains qui nous représentent La Bruyère
comme empressé de plaire à ses amis : « On me l'a
dépeint, dit l'abbé d'Olivet, comme un philosophe qui ne songeait qu'à vivre tranquille avec des
amis et des livres, faisant un bon choix des uns
et des autres, ne cherchant ni ne fuyant le
plaisir, toujours disposé à une joie modeste et
ingénieux à la faire naître. » Et Boileau : « C'est
un fort bon homme, à qui il ne manquerait rien
si la nature l'avait fait aussi agréable qu'il a envie
de l'être. » Passons sur la réserve maligne de
Boileau ; ne retenons que ces deux traits : bonté
et souci de plaire ; nous serons assurés que La
Bruyère sut aimer ses amis comme il faut, et
se faire payer de retour.

Ainsi les détails que nous avons sur lui ont
beau être rares : ils suffisent à ne point nous laisser douter qu'il eut dans l'âme un fond d'humanité, et que, dans la vie pratique, il se montrait
obligeant et doux. Mais ce que l'on sait mieux

encore, c'est avec quelle fierté jalouse il prit soin de garder toujours sa dignité saine et sauve. Il y parut dans ses rapports avec les grands, surtout pendant son séjour dans la maison des Condé.

Nous avons dit l'exactitude et le zèle qu'il mit à remplir son devoir de précepteur. Il ne semble pas qu'il ait eu, en accomplissant si bien sa tâche, d'autre préoccupation que de satisfaire sa conscience. Certainement, il ne tenait point à l'argent; on se rappelle avec quelle généreuse insouciance il abandonna la propriété de son manuscrit au libraire Michallet. Rien sans doute chez lui ne révèle le désordre ou la prodigalité; mais tout atteste aussi qu'il ne thésaurisait pas et n'avait nul souci du lendemain. Après sa mort, on ne trouva dans son appartement que quelques meubles et quelques nippes et, dispersée dans plusieurs tiroirs, une somme de 2,129 livres! A vrai dire, un passage de son livre pourrait faire croire qu'il se dépitait de la pauvreté où étaient condamnés les gens de lettres et qu'il s'y résignait mal :

« ... *Bérylle* tombe en syncope à la vue d'un chat, et
« moi à la vue d'un livre. Suis-je mieux nourri et plus
« lourdement vêtu? suis-je dans ma chambre à l'abri du

« nord ? ai-je un lit de plumes, après vingt ans entiers
« qu'on me débite dans la place ? J'ai un grand nom,
« dites-vous, et beaucoup de gloire : dites que j'ai beau-
« coup de vent qui ne sert à rien. Ai-je un grain de ce
« métal qui procure toutes choses ?... Sans parler que
« des gains licites, on paye au tuilier sa tuile, et à l'ou-
« vrier son temps et son ouvrage, paie-t-on à un auteur
« ce qu'il pense et ce qu'il écrit ? et s'il pense très bien, le
« paie-t-on très largement ? Se meuble-t-il, s'anoblit-il
« à force de penser et d'écrire juste ? Il faut que les
« hommes soient habillés, qu'ils soient rasés ; il faut que,
« retirés dans leurs maisons, ils aient une porte qui
« ferme bien. Est-il nécessaire qu'ils soient instruits ?
« Folie, simplicité, imbécillité, continue Antisthène, de
« mettre l'enseigne d'auteur ou de philosophe ! Avoir,
« s'il se peut, un *office lucratif*, qui rende la vie aimable,
« qui fasse prêter à ses amis, et donner à ceux qui ne
« peuvent rendre ; écrire alors par jeu, par oisiveté, et
« comme *Tityre* siffle ou joue de la flûte ; cela ou rien ;
« j'écris à ces conditions... (1). »

A la vivacité du ton, ne croirait-on pas entendre un homme qui expose des griefs personnels ?
Pourtant La Bruyère ne chercha point cet *office lucratif* dont il parle, et écrivit pour rien, pour le
plaisir, — ou plutôt pour la gloire. Dans ces
lignes, il n'y a rien autre, rien plus qu'une spirituelle boutade ; il ne fait point de retour sur lui-

(1) *Des Jugements.*

même. Il regrette pour les autres que le talent soit si mal renté ; mais, à son compte, la postérité le dédommage suffisamment.

« Il faut l'avouer, le présent est pour les riches, et
« l'avenir pour les vertueux et les habiles. *Homère* est
« encore et sera toujours : les receveurs de droits, les
« publicains ne sont plus ; ont-ils été ? leur patrie, leurs
« noms sont-ils connus ? y a-t-il eu dans la Grèce des
« partisans ?

« Que sont devenus ces importants personnages qui
« méprisaient Homère, qui ne songeaient dans la place
« qu'à l'éviter, qui ne lui rendaient pas le salut, ou qui le
« saluaient par son nom, qui ne daignaient pas l'associer
« à leur table, qui le regardaient comme un homme qui
« n'était pas riche et qui faisait un livre ? Que deviendront
« les Fauconnets ? Iront-ils aussi loin dans la postérité
« que *Descartes*, né Français et mort en Suède (1)? »

Dédaigneux de la richesse, il pouvait être tenté par la faveur. Dans cette maison des Condé, n'était-il pas à la source des grâces ? n'avait-il pas vu des gens, de moindre mérite que lui et de condition au moins aussi humble, gagner la confiance des maîtres et s'établir dans leur intimité ? N'avait-il pas sous les yeux ce Gourville, ancien laquais, devenu le factotum de M. le Prince et tenu pour

(1) *Des Biens de fortune.*

un homme indispensable ? Mais La Bruyère n'ignorait pas à quel prix cette faveur avait été achetée ; il n'était pas en fonds de bassesse et d'intrigue pour en faire les frais ; et sa clairvoyance l'avertissait d'ailleurs des risques que l'on court dans cette carrière :

« La vie de la cour est un jeu sérieux, mélancolique,
« qui applique ; il faut arranger ses pièces et ses batte-
« ries, avoir un dessein, le suivre, parer celui de son
« adversaire, hasarder quelquefois et jouer de caprice ;
« et, après toutes ses rêveries et toutes ses mesures, on
« est échec, quelquefois mat ; souvent, avec des pions
« qu'on ménage bien, on va à dame et l'on gagne la
« partie : le plus habile l'emporte, ou le plus heu-
« reux (1). »

Quant aux grands emplois, il eût jugé déraisonnable d'y songer. Quelques bourgeois sans doute avaient pu y arriver. Mais ces exceptions lui devaient paraître bien extraordinaires. Car « c'est une grande simplicité que d'apporter à la cour la moindre roture et de n'y pas être gentilhomme » (2). Et « quelle horrible peine à un homme qui est sans prôneurs et sans cabale, qui

(1) *De la Cour.*
(2) *Id.*

n'est engagé dans aucun corps, mais qui est seul, et qui n'a que beaucoup de mérite pour toute recommandation, de se faire jour à travers l'obscurité où il se trouve, et de venir au niveau d'un fat qui est en crédit » (1) !

En somme, en vivant avec les grands, en mettant à leur service toute sa science, en parant leur maison de son beau talent, il se persuada avec raison qu'il n'avait rien à attendre d'eux, et il ne voulut rien leur demander :

« Un honnête homme, disait-il, se paye par ses mains
« de l'application qu'il a à son devoir par le plaisir qu'il
« sent à le faire, et se désintéresse sur les éloges, l'estime
« et la reconnaissance qui lui manquent quelquefois (2). »

Par là il s'assurait l'indépendance véritable ; et, en renonçant à faire valoir son mérite personnel par la richesse, la faveur ou les emplois, il restait maître d'en garder un sentiment plus vif et plus profond : c'est à quoi il ne manquait pas. Ecoutez de quel ton il parle de lui-même, et des *Altesses auxquelles il est*, comme on disait alors :

(1) *Du Mérite personnel.*
(2) *Id.*

« L'avantage des grands est immense par un endroit :
« je leur cède leur bonne chère, leurs riches ameu-
« blements, leurs chiens, leurs chevaux, leurs singes,
« leurs nains, leurs fous et leurs flatteurs ; mais je leur
« envie le bonheur d'avoir à leur service des gens qui
« les égalent par le cœur et par l'esprit, et qui les passent
« quelquefois (1). »

Que son mérite reste donc sans récompense, il y consent ; mais ce qu'il ne veut pas admettre, c'est qu'on touche à sa dignité. Qu'on ne l'honore pas, soit ; qu'on ne le respecte point, non. Obtenir le respect dans le milieu où il se trouvait n'était pas une mince affaire ; ces Condé étaient de terribles gens : qu'on songe à la façon dont ils traitaient le pauvre Santeul. Un jour, Monsieur le duc et son fils le poursuivaient en le bourrant de coups de poings ; une autre fois, Madame la duchesse, dont le poète avait omis de chanter les louanges dans une de ses pièces, lui appliquait un soufflet en plein visage, et, comme le pauvre homme faisait mine de se fâcher, elle lui lançait un verre d'eau à la figure, en disant avec un éclat de rire: « C'est la pluie après le tonnerre. » Santeul, il

(1) *Des Grands.*

est vrai, par ses originalités, encourageait et provoquait presque ces plaisanteries. Mais bien d'autres que lui devaient les subir. Saint-Simon a dit de Monsieur le duc que ses amis mêmes, exposés à des injures grossières, à des farces cruelles, « n'étaient jamais en sûreté ». Il fallut donc que La Bruyère se tînt constamment en défiance et comme sur la défensive :

« Quelque profonds que soient les grands de la cour,
« et quelque art qu'ils aient pour paraître ce qu'ils ne
« sont pas et pour ne point paraître ce qu'ils sont, ils ne
« peuvent cacher leur malignité, leur extrême pente à
« rire aux dépens d'autrui, et à jeter un ridicule souvent
« où il n'y en peut avoir. Ces beaux talents se découvrent
« en eux du premier coup d'œil, admirables sans doute
« pour envelopper une dupe et rendre sot celui qui l'est
« déjà, mais encore plus propres à leur ôter tout le plai-
« sir qu'ils pourraient tirer d'un homme d'esprit, qui
« saurait se tourner et se tourner en mille manières
« agréables et réjouissantes, si le dangereux caractère
« du courtisan ne l'engageait pas à une fort grande rete-
« nue. Il lui oppose un caractère sérieux dans lequel il
« se retranche; et il fait si bien que les railleurs, avec
« des intentions si mauvaises, manquent d'occasions de
« se jouer de lui (1). »

En fait, cette attitude lui réussit, comme elle

(1) *Des Grands.*

devait lui réussir. On ne voit pas que, pendant son séjour chez les Condé, La Bruyère ait eu à se plaindre d'aucun manquement ; il semble même que M. le Prince, prompt à discerner le mérite, lui ait témoigné des égards. On dut sentir qu'on se trouvait en face de quelqu'un qui se tenait sous les armes, et j'inclinerais à croire que la réserve de La Bruyère pouvait aller parfois jusqu'à la raideur.

« Vous dites qu'il faut être modeste : les gens bien nés ne demandent pas mieux ; faites seulement que les hommes n'empiètent pas sur ceux qui cèdent par modestie, et ne brisent pas ceux qui plient (1). »

Il ne voulait pas être brisé et ne pliait pas.

Cette réserve, ou, pour parler plus juste, cette contrainte lui coûtait certainement. Au témoignage de l'abbé d'Olivet et de quelques contemporains, entre autres de celui qui affirme qu'il « lui prenait des saillies de danser et de chanter », il est clair qu'il était d'humeur naturellement gaie et ouverte. Il ne devint fermé qu'à son corps défendant.

(1) *De l'Homme.*

« Il y a des vices que nous ne devons à personne, que
« nous apportons en naissant, et que nous fortifions par
« l'habitude ; il y en a d'autres que l'on contracte, et qui
« nous sont étrangers. L'on est né quelquefois avec des
« mœurs faciles, de la complaisance, et tout le désir de
« plaire ; mais par les traitements que l'on reçoit de ceux
« avec qui l'on vit ou de qui l'on dépend, l'on est bientôt
« jeté hors de ses mesures, et même de son naturel : l'on
« a des chagrins et une bile que l'on ne se connaissait
« point, l'on se voit une autre complexion, l'on est enfin
« étonné de se trouver dur et épineux (1). »

Il est bien vraisemblable que ces lignes contien-
nent une confidence, et que La Bruyère, forcé de
se toujours contraindre, s'assombrit un peu et se
fit plus irritable qu'il ne l'était de nature. En tout
cas, sa patience parut assez courte dans la polémique qu'il engagea à propos de la publication
de son discours à l'Académie ; en cette affaire, il
rendit coup pour coup et fit bonne mesure à ses
adversaires. Assurément on aurait tort de faire de
lui uniquement un modeste et un résigné.

Mais on peut dire, sans crainte de se tromper,
que sa nature était profondément honnête, respectueuse de tous les devoirs, — qu'au désintéressement et à la fierté, qui marquent son respect

(1) *De l'Homme.*

pour la condition de l'homme, il joignit la pitié
pour ses misères, un large sentiment d'humanité.
Il se résigna aux injustices sociales et s'y soumit,
mais non sans impatience et sans indignation ;
elles ne firent de lui ni un révolté, ni même un
révolutionnaire, mais elles le froissèrent jusqu'au
fond de l'âme. Peut-être a-t-il dit le dernier mot
de sa sagesse et comme le secret de son cœur dans
ces lignes qui terminent le chapitre du *Mérite personnel* :

« Le sage guérit de l'ambition par l'ambition même ;
« il tend à de si grandes choses, qu'il ne peut se borner
« à ce qu'on appelle des trésors, des postes, la fortune
« et la faveur : il ne voit rien dans de si faibles avantages
« qui soit assez bon et assez solide pour remplir son cœur,
« et pour mériter ses soins et ses désirs ; il a même
« besoin d'efforts pour ne les pas trop dédaigner. Le
« seul bien capable de le tenter est cette sorte de gloire
« qui devrait naître de la vertu toute pure et toute
« simple ; mais les hommes ne l'accordent guère, et il
« s'en passe. »

LE MORALISTE

CHAPITRE PREMIER.

IDÉES DE LA BRUYÈRE SUR LA MORALE ET LA RELIGION.

En écrivant un livre sur les mœurs, La Bruyère ne songea point à composer un traité de morale. Il ne se sentait pas la vocation d'un Charron ou d'un Nicole. On avait beau lui dire : « Vous écrivez si bien, Antisthène ! continuez d'écrire ; ne verrons-nous point de vous un *in-folio* ? traitez de toutes les vertus et de tous les vices dans un ouvrage suivi, méthodique, qui n'ait point de fin. »

« Ils devraient ajouter, dit-il : et nul cours (1). » N'avoir point de cours, ce n'était pas son compte ; dans sa sagesse, il s'était désintéressé de tant d'objets de nos vanités, qu'il pouvait bien se croire le droit de n'être pas indifférent à la gloire littéraire.

(1) *Des Jugements.*

Certains lecteurs « cherchent des définitions, des divisions, des tables, de la méthode ; ils veulent qu'on leur explique ce que c'est que la vertu en général et cette vertu en particulier (1). » Mais, à la fin du xviie siècle, combien en trouve-t-on, de ces lecteurs? Où les rencontrer, sinon parmi les hommes de collège ?

D'autres « se plaisent infiniment dans la lecture des livres qui, supposant les principes physiques et moraux rebattus par les anciens et les modernes, se jettent d'abord dans leur application aux mœurs du temps (2). » Ceux-là, quels sont-ils? « Les femmes, les gens de la cour, et tous ceux qui n'ont que beaucoup d'esprit sans érudition, indifférents à toutes les choses qui les ont précédés,... avides de celles qui se passent à leurs yeux et qui sont comme sous leur main. Ils les examinent, ils les discernent, ils ne perdent pas de vue les personnes qui les entourent, si charmés des peintures et des descriptions que l'on fait de leurs contemporains, de leurs concitoyens, de ceux enfin qui leur ressemblent et à qui ils ne

(1) *Discours sur Théophraste.*
(2) *Id.*

croient pas ressembler, que, jusque dans la chaire, on se croit obligé souvent de suspendre l'Évangile pour les prendre par leur faible, et de les ramener à leurs devoirs par des choses qui soient de leur goût et de leur portée (1). »

Voilà le public qui faisait les réputations. La Bruyère voulait en être lu. Avec soin, il évita tout ce qui aurait pu le rebuter par des allures didactiques ou dogmatiques : « Ce ne sont point des maximes que j'ai voulu écrire, elles sont comme des lois dans la morale, et j'avoue que je n'ai ni assez d'autorité ni assez de génie pour faire le législateur (2). » En fait, il désirait plaire, plaire aux gens du monde, ou plutôt à tout le monde, et non pas seulement aux doctes et aux hommes d'école.

Mais en même temps il a le dessein d'être utile ; de ce qu'il évite d'enseigner la morale, il n'en est pas moins soucieux de réformer les mœurs. « Le philosophe consume sa vie à observer les hommes... il demande des hommes un plus grand et un plus rare succès que les récompenses, et

(1) *Discours sur Théophraste.*
(2) *Préface des Caractères.*

même que les louanges, qui est de les rendre meilleurs (1). » Par quels moyens prétend-il y réussir ? En se jetant, comme il dit, « dans les applications », en présentant à ses lecteurs « les images de choses qui leur sont... familières », des peintures, des *réflexions*, des *remarques*. En un mot, quand il peint les hommes tels qu'ils sont, il croit que la vertu de l'exemple peut les aider à devenir tels qu'ils devraient être.

Sans doute il n'a point tort. Mais, lorsque l'on prétend rendre ainsi les hommes meilleurs, il faut avoir un certain idéal et se guider d'après certains principes. Qu'on ne les expose pas, qu'on n'en fasse point montre, soit : il n'est pas nécessaire ; on ne saurait pourtant s'en passer. La Bruyère ne les formule point dogmatiquement ; il est aisé cependant de les discerner, et peut-être ne sera-t-il pas inutile de les dégager pour nos jeunes lecteurs. Dans son livre si riche et si plein, on peut, avec quelque attention, retrouver les éléments essentiels de sa morale théorique.

Elle tient tout entière en quelques propositions rapides, mais explicites.

(1) *Des Ouvrages de l'esprit.*

Le Bien Moral existe ; la raison de l'homme lui permet de le reconnaître, et, en même temps, elle lui révèle l'obligation où il est de s'y conformer, c'est-à-dire d'accomplir son devoir :

« Le bon esprit nous découvre notre devoir, notre
« *engagement* à le faire, et, s'il y a du péril, avec péril ;
« il inspire le courage. ou il y supplée (1). »

L'obligation morale ou le devoir s'impose sans condition, comme un ordre, mais non comme une contrainte. L'homme ne peut pas ne pas connaître son devoir ; mais il reste libre de ne pas le faire, de ne pas vouloir le faire :

« De ce que je pense, je n'infère pas plus clairement
« que je suis esprit, que je conclus de ce que je fais ou
« ne fais point, selon qu'il me plaît, que je suis libre. Or,
« liberté, c'est choix, autrement une détermination
« volontaire au bien ou au mal, et ainsi une action bonne
« ou mauvaise, et ce qu'on appelle vertu ou crime (2). »

Puisque notre choix est libre entre le bien et le mal, nous sommes donc responsables de nos actes ; nous en sommes responsables devant nous-mêmes et, suivant que nous avons bien ou mal agi, notre

(1) *Du Mérite personnel.*
(2) *Des Esprits forts.*

conscience nous fait éprouver un sentiment de satisfaction ou de peine :

« Il n'y a pour l'homme qu'un vrai malheur qui est de
« se trouver en faute, et d'avoir quelque chose à se
« reprocher (1). »
« Un honnête homme se paie par ses mains de l'appli-
« cation qu'il a à son devoir par le plaisir qu'il sent à le
« faire, et se désintéresse sur les éloges, l'estime et la
« reconnaissance qui lui manquent quelquefois (2). »

Obligation morale, libre arbitre, sanction de la conscience, ne sont-ce point là les principes sur lesquels repose toute morale humaine ? Ernest Bersot pensait qu'à moins de faire un ouvrage spéculatif, on pouvait les sous-entendre, qu'ils ne faisaient pas question. La Bruyère, loin de les sous-entendre, les a exprimés avec force ; mais il a jugé superflu de les discuter, de les développer, et s'est tenu sur le terrain de la morale pratique.

Il est pourtant un passage où il annonce des ambitions plus hautes et fait entendre qu'il aurait suivi un dessein systématique.

« N'ont-ils pas, dit-il en parlant des solitaires de Port-

(1) *De l'Homme.*
(2) *Du Mérite personnel.*

« Royal, n'ont-ils pas les premiers reconnu le plan et
« l'économie du livre des *Caractères* ? N'ont-ils pas
« observé que, de seize chapitres qui le composent, il y
« en a quinze qui, s'attachant à découvrir le faux et le
« ridicule qui se rencontrent dans les objets des passions
« et des attachements humains, ne tendent qu'à ruiner
« tous les obstacles qui affaiblissent d'abord, et qui
« éteignent ensuite dans tous les hommes la connais-
« sance de Dieu: qu'ainsi ils ne sont que des prépara-
« tions au seizième et dernier chapitre où l'athéisme est
« attaqué et peut-être confondu ; où les preuves de Dieu,
« une partie du moins de celles que les faibles humains
« sont capables de recevoir dans leur esprit, sont appor-
« tées ; où la providence de Dieu est défendue contre l'in-
« sulte et les plaintes des libertins (1) ? »

A ce compte, il faudrait considérer les *Caractères* comme un livre d'édification chrétienne ou
tout au moins de propagande déiste. C'est à quoi
La Bruyère ne nous a guère préparés par les décla-
rations modestes contenues dans la Préface de son
livre, dans la préface de sa traduction de Théophraste. — Mais peut-on accepter sans réserves le
passage que nous venons de citer et qui fut écrit
en 1693 ? — L'ouvrage de La Bruyère, alors à sa
septième édition, avait été, malgré son succès,
ou plutôt à cause de son succès, très fort critiqué ;

(1) *Préface du discours à l'Académie.*

on reprochait surtout à l'auteur d'être incapable
« de lier ses pensées... de faire rien de suivi. »
Survinrent des hommes graves, grands logiciens,
très épris de la méthode qui, dans ce livre, où les
rédacteurs du *Mercure Galant* ne voulaient voir
qu'un amas de pièces détachées, prétendaient, eux,
avoir reconnu un *plan et une économie*. C'était fournir à La Bruyère des armes contre ses détracteurs ;
ces armes, pouvait-il les repousser, et refuser un
secours qui lui venait d'où il ne l'avait guère
attendu ?

On ne peut pas en douter : pour les besoins
de sa polémique, il se laissa prêter un système
auquel il n'avait pas songé. Quoi qu'en aient dit
les Port-Royalistes, il est malaisé de voir dans
les quinze premiers chapitres des *Caractères* une
préparation au dernier livre des *Esprits forts*. Ce
dernier livre, comme les autres, fut entrepris avec
une préoccupation d'observation actuelle et vivante, et non avec le dessein de couronner un ouvrage d'apologétique chrétienne.

Marie-Thérèse était morte en 1683 ; l'année
suivante, selon toute apparence, le roi épousa
Mme de Maintenon, qui s'était implantée à la cour

dès 1673, comme gouvernante des enfants de Mme de Montespan. La vieille favorite devenue reine, insensiblement l'entourage du roi tourna à la dévotion par ordre, ou tout au moins par mode. « Le courtisan autrefois avait ses cheveux, était en chausses et en pourpoint, portait de larges canons, et il était libertin. Cela ne sied plus : il porte une perruque, l'habit serré, le bas uni, et il est dévot (1). » C'est l'époque où *Onuphre* triomphe, et La Bruyère trace du faux dévot un portrait très étudié et très courageux.

Onuphre n'a pour tout lit qu'une housse de serge grise, mais il couche sur le coton et sur le duvet ; de même il est habillé simplement, mais commodément, je veux dire d'une étoffe fort légère en été, et d'une autre fort moelleuse pendant l'hiver ; il porte des chemises très déliées, qu'il a un très grand soin de bien cacher. Il ne dit point : *Ma haire et ma discipline*, au contraire ; il passerait pour ce qu'il est, pour un hypocrite, et il veut passer pour ce qu'il n'est pas, pour un homme dévot ; il est vrai qu'il fait en sorte que l'on croie, sans qu'il le dise, qu'il porte une haire et qu'il se donne la discipline. Il y a quelques livres répandus dans sa chambre indifféremment ; ouvrez-les : c'est *le Combat spirituel, le Chrétien intérieur* et *l'Année sainte;* d'autres livres sont sous la clef.

(1) *De la Mode.*

S'il marche par la ville, et qu'il découvre de loin un homme devant qui il est nécessaire qu'il soit dévot, les yeux baissés, la démarche lente et modeste, l'air recueilli lui sont familiers, il joue son rôle. S'il entre dans une église, il observe d'abord de qui il peut être vu, et, selon la découverte qu'il vient de faire, il se met à genoux et prie, ou il ne songe ni à se mettre à genoux, ni à prier. Arrive-t-il vers lui un homme de bien et d'autorité qui le verra et qui peut l'entendre, non seulement il prie, mais il médite, il pousse des élans et des soupirs; si l'homme de bien se retire, celui-ci, qui le voit partir, s'apaise et ne souffle pas. Il entre une autre fois dans un lieu saint, perce la foule, choisit un endroit pour se recueillir, où tout le monde voit qu'il s'humilie; s'il entend des courtisans qui parlent, qui rient, et qui sont à la chapelle avec moins de silence que dans l'antichambre, il fait plus de bruit qu'eux pour les faire taire; il reprend sa méditation qui est toujours la comparaison qu'il fait de ces personnes avec lui-même, et où il trouve son compte.

Il évite une église déserte et solitaire où il pourrait entendre deux messes de suite, le sermon, vêpres et complies, tout cela entre Dieu et lui, et sans que personne lui en sût gré; il aime la paroisse, il fréquente les temples où se fait un grand concours: on n'y manque point son coup, on y est vu. Il choisit deux ou trois jours dans toute l'année, où, à propos de rien, il jeûne ou fait abstinence; mais à la fin de l'hiver il tousse, il a une mauvaise poitrine, il a des vapeurs, il a eu la fièvre; il se fait prier, presser, quereller, pour rompre le carême dès son commencement, et il en vient là par complaisance. Si Onuphre est nommé arbitre dans une querelle de parents ou dans un procès de famille, il est pour les plus forts, je veux dire pour les plus riches, et il ne se persuade point que celui ou celle qui a beaucoup de bien puisse avoir tort.

Il n'oublie pas de tirer avantage de l'aveuglement de son ami, et de la prévention où il l'a jeté en sa faveur : tantôt il lui emprunte de l'argent, tantôt il fait si bien que cet ami lui en offre ; il se fait reprocher de n'avoir pas recours à ses amis dans ses besoins. Quelquefois il ne veut pas recevoir une obole sans donner un billet, qu'il est bien sûr de ne jamais retirer. Il dit une autre fois, et d'une certaine manière, que rien ne lui manque, et c'est lorsqu'il ne lui faut qu'une petite somme : il vante quelque autre fois publiquement la générosité de cet homme, pour le piquer d'honneur et le conduire à lui faire une grande largesse. Il ne pense point à profiter de toute sa succession, ni à s'attirer une donation générale de tous ses biens, s'il s'agit surtout de les enlever à un fils, le légitime héritier. Un homme dévot n'est ni avare, ni violent, ni injuste, ni même intéressé. Onuphre n'est pas dévot, mais il veut être cru tel, et, par une parfaite quoique fausse imitation de la piété, ménager sourdement ses intérêts ; aussi ne se joue-t-il pas à la ligne directe, et il ne s'insinue jamais dans une famille où se trouvent tout à la fois une fille à pourvoir et un fils à établir : il y a là des droits trop forts et trop inviolables ; on ne les traverse point sans faire de l'éclat, et il l'appréhende ; sans qu'une pareille entreprise vienne aux oreilles du prince, à qui il dérobe sa marche par la crainte qu'il a d'être découvert et de paraître ce qu'il est. Il en veut à la ligne collatérale, on l'attaque plus impunément ; il est la terreur des cousins et des cousines, du neveu et de la nièce, le flatteur et l'ami déclaré de tous les oncles qui ont fait fortune ; il se donne pour l'héritier légitime de tout vieillard qui meurt riche et sans enfants, et il faut que celui-ci le déshérite, s'il veut que ses parents recueillent sa succession ; si Onuphre ne trouve pas jour à les en frustrer à fond, il leur en ôte du moins une bonne partie : une petite calomnie, moins que cela, une légère médisance lui suffit pour ce pieux dessein ; et c'est le talent qu'il possède à un plus haut degré de perfection ; il se fait même souvent un point de conduite de ne le pas laisser inutile ; il y a des gens, selon lui, qu'on est obligé en conscience de décrier, et ces gens sont ceux qu'il n'aime point, à qui il veut nuire, et dont il désire la dépouille. Il vient à ses fins sans se donner même la peine d'ouvrir la bouche ; on lui parle d'*Eudoxe*, il sourit ou il soupire ; on l'interroge, on insiste, il ne répond rien ; il a raison : il en a assez dit (1).

En même temps , par réaction, tout ce qui était mécontent ou simplement indépendant se jetait dans le libertinage, c'est-à-dire dans l'incrédulité. Bernier vulgarisait le matérialisme par son *Abrégé de Gassendi* (1678) et par ses *Doutes sur quelques chapitres de son Abrégé* (1682). En mars 1684 , Bayle faisait paraître le premier numéro de la *République des lettres* : l'irréligion, le scepticisme avaient leur gazette. De très grands seigneurs, comme le duc de Vendôme

(1) *De la Mode.*

et son frère, des hommes de beaucoup d'esprit, comme les poètes Chaulieu et La Fare, faisaient étalage d'épicurisme pratique. Et cependant disparaissaient les grands défenseurs de la religion et du spiritualisme. Bossuet, nommé depuis 1679 à l'évêché de Meaux, se consacre avant tout « au troupeau qu'il doit nourrir de la parole de vie. » Bourdaloue, depuis l'Avent de 1686, ne prêcha plus à la Cour qu'en 1693. Quant à Fénelon, il ne commence à prendre quelque autorité qu'avec son *Traité de l'Education des filles*, paru en 1687.

Tout cela n'avait pu échapper à La Bruyère. Il avait remarqué les ridicules des prédicateurs qui, succédant à de grands orateurs, à des docteurs sublimes, n'avaient d'autre vocation que le goût de la renommée ou le désir d'un « bénéfice » (chapitre de la *Chaire*). Il avait noté d'autre part l'attitude de ceux qui se donnaient pour des esprits forts. N'étaient-ce point des originaux dignes de figurer dans sa galerie au même titre que les faux dévots ? Qu'on prenne sa première édition : l'on s'apercevra que La Bruyère se met moins en peine de réfuter les doctrines des libertins, de confondre leur incrédulité, que de

peindre les travers de leur esprit, les défauts de
leur caractère, les vices de leur cœur. Comment,
à son sens, devient-on esprit fort ? Les uns, ceux
qui donnent le ton, sont trop paresseux pour
attacher leur pensée sur les grands problèmes de
la religion ; ils prennent pour de l'athéisme ce
qui n'est que de l'indifférence ou de l'impuissance.

« L'athéisme n'est point. Les grands, qui en sont le
« plus soupçonnés, sont trop paresseux pour décider en
« leur esprit que Dieu n'est pas ; leur indolence va jus-
« qu'à les rendre froids et indifférents sur cet article si
« capital, comme sur la nature de leur âme et sur les
« conséquences d'une vraie religion ; ils ne nient ces
« choses ni ne les accordent ; ils n'y pensent point (1). »

D'autres ne sont libertins que par servilité,
pour avancer leurs affaires près d'un patron qui
affiche l'incrédulité à la mode :

« Il y a eu de tout temps de ces gens d'un bel esprit
« et d'une agréable littérature, esclaves des grands, dont
« ils ont épousé le libertinage et porté le joug toute
« leur vie, contre leurs propres lumières et contre leur
« conscience. Ces hommes n'ont jamais vécu que pour
« d'autres hommes, et ils semblent les avoir regardés
« comme leur dernière fin. »

(1) Les citations qui suivent sont toutes empruntées au chapitre
des *Esprits forts*. Nous y renvoyons une fois pour toutes.

Il en est enfin dont l'irréligion n'a d'autre cause que leur désir de n'être plus gênés par la pensée d'un juge qui voit leurs fautes et les punira :

« L'on doute de Dieu dans une pleine santé, comme
« l'on doute que ce soit pécher que d'avoir un commerce
« avec une personne libre. Quand l'on devient malade,
« et que l'hydropisie est formée, l'on quitte sa concubine
« et l'on croit en Dieu. »
« Je voudrais voir un homme sobre, modéré, chaste,
« équitable, prononcer qu'il n'y a point de Dieu ; il par-
« lerait du moins sans intérêt ; mais cet homme ne se
« trouve point. »

Quelques traits de ce genre parurent d'abord suffisants à La Bruyère. Dans sa première édition, le chapitre des *Esprits forts* ne contient guère que des observations morales ; on n'y trouve qu'une preuve de l'existence de Dieu ; encore s'excuse-t-il presque de la donner : « Je ne sais si ceux qui osent nier Dieu méritent qu'on s'efforce de le leur prouver, et qu'on les traite plus sérieusement que l'on n'a fait dans ce chapitre. » Comment croire après cela qu'en composant son livre il ait été guidé par l'unique souci d'édifier ses lecteurs ?

Ce qui est vrai, c'est que La Bruyère chretien,

par tradition, par sentiment, par conviction, nourri d'ailleurs de la doctrine spiritualiste de Descartes, fut attiré et retenu dès que l'occasion l'eut amené à les aborder, par ces hautes questions de l'existence de Dieu, de la Providence, de l'immortalité de l'âme ; à mesure que les éditions des *Caractères* se succédaient, le chapitre des *Esprits forts* se grossit de développements philosophiques que l'auteur n'avait point songé d'abord à y placer.

Quoi qu'il en soit, et bien que l'exposition de la doctrine de La Bruyère n'ait certainement point de lien avec ce qui la précède, elle doit nous arrêter. Elle nous a valu des pages écrites dans une langue sérieuse, convaincue, parfois éloquente. Et d'ailleurs, si la foi philosophique de La Bruyère n'a point présidé à la composition de son livre, si elle ne l'a pas dominée et réglée, il est certain au moins qu'elle a comme enveloppé et pénétré sa façon générale de penser. S'il n'eût pas été un *philosophe chrétien*, les *Caractères* ne seraient pas ce qu'ils sont.

Comme Descartes, implicitement, il prend son point de départ dans la pensée. Et, de l'existence de sa pensée, dont il ne saurait douter, il conclut immédiatement à l'existence de Dieu :

« Je pense, donc Dieu existe ; car ce qui pense en moi,
« je ne le dois point à moi-même, parce qu'il n'a pas
« plus dépendu de moi de me le donner une première
« fois, qu'il dépend encore de moi de me le conserver
« un seul instant. Je ne le dois point à un être qui soit
« au-dessous de moi, et qui soit matière, puisqu'il est
« impossible que la matière soit au-dessus de ce qui
« pense ; je le dois donc à un être qui est au-dessus de
« moi et qui n'est point matière ; et c'est Dieu. »

Après avoir ainsi démontré Dieu par un raisonnement métaphysique, La Bruyère entreprend de le montrer. Il étale à nos yeux le spectacle du monde pour nous persuader que la sagesse du suprême ordonnateur a fait concourir à l'harmonie universelle les pièces les plus vastes et les plus ténues de cet imposant ensemble. Certes nous ne retrouvons pas dans ses développements l'imagination visionnaire d'un Pascal ouvrant devant l'intelligence humaine l'abîme de l'infiniment grand et de l'infiniment petit et nous secouant comme d'un vertige. Mais ces objets pourtant sont familiers à la pensée plus modérée de La Bruyère. Il nous l'a dit : on pouvait le trouver dans son cabinet, « la plume à la main, pour calculer les distances de Saturne et de Jupiter », et, aux inspirations du génie, il supplée, autant qu'il peut, par les données précises de la science qu'il appelle à son aide.

Avec les chiffres que lui fournissaient les calculs astronomiques, il déroule l'immensité où se meuvent les corps célestes : la lune qui « n'est guère plus éloignée de nous que de trente fois le diamètre de la terre » ; le soleil, dont l'éloignement est prodigieux, puisqu'il est démontré « qu'il ne peut pas y avoir de la terre au soleil moins de dix mille diamètres de la terre, autrement trente millions de lieues » ; Saturne, qui est distant de notre globe d'au moins trois cents millions de lieues. Quant aux étoiles, on ne connaît point leur hauteur : « elle est, si j'ose ainsi parler, *immensurable* ; il n'y a plus ni angles, ni sinus, ni parallaxes dont on puisse s'aider. Si un homme observait à Paris une étoile fixe, et qu'un autre la regardât du Japon, les deux lignes qui partiraient de leurs yeux pour aboutir jusqu'à cet astre ne feraient pas un angle, et se confondraient en une seule et même ligne, tant la terre entière n'est pas espace par rapport à cet éloignement. »

Bien plus, le nombre de ces étoiles est si grand, qu'on n'a pu arriver à en faire le compte, même approximatif.

« On fixe le nombre des étoiles ; oui, de celles qui
« sont apparentes ; le moyen de compter celles qu'on
« n'aperçoit point, celles, par exemple, qui composent
« la voie de lait, cette trace lumineuse qu'on remarque
« au ciel dans une nuit sereine, du nord au midi, et qui
« par leur extraordinaire élévation, ne pouvant percer
« jusqu'à nos yeux pour être vues chacune en particu-
« lier, ne font au plus que blanchir cette route des cieux
« où elles sont placées. »

Et que devient l'homme, perdu sur la terre, comme sur un grain de sable, au milieu du fourmillement de ces mondes ? Ne doit-il pas vivre dans la crainte continuelle de quelque épouvantable cataclysme ?

« Je me les représente tous ces globes, ces corps ef-
« froyables qui sont en marche, ils ne s'embarrassent
« point l'un l'autre, ils ne se choquent point, ils ne se
« dérangent point ; si le plus petit d'eux tous venait à se
« démentir et à rencontrer la terre, que deviendrait la
« terre ? Tous au contraire sont dans leur place, demeu-
« rent dans l'ordre qui leur est prescrit, suivent la route
« qui leur est marquée, et si paisiblement à notre égard,
« que personne n'a l'oreille assez fine pour les entendre

« marcher et que le vulgaire ne sait pas s'ils sont au
« monde. »

Sous peine de nier la science, dont ils préten-
dent se relever, les libertins ne sauraient nier
cette régularité des mouvements du monde physique, cette constance de ses lois. Ils ne les nieront
donc point ; mais ils s'écrient : « O économie
merveilleuse du hasard ! l'intelligence même pourrait-elle mieux réussir ? » La Bruyère ne leur
permet point de se dérober ainsi :

> « Une seule chose, Lucile, me fait de la peine : ces
> « grands corps sont si précis et si constants dans leur
> « marche, dans leurs révolutions et dans tous leurs rap-
> « ports, qu'un petit animal relégué dans un coin de cet
> « espace immense qu'on appelle le monde, après les
> « avoir observés, s'est fait une méthode infaillible de
> « prédire à quel point de leur course tous ces astres se
> « trouveront d'aujourd'hui en deux, en quatre, en vingt
> « mille ans. Voilà mon scrupule, Lucile ; si c'est par ha-
> « sard, qu'ils observent des règles si invariables, qu'est-
> « ce l'ordre ? qu'est-ce que la règle ? »

Que dire encore, si, détournant nos yeux du
spectacle du ciel, nous reportons notre pensée
vers ce que Pascal appelle « l'extrême petitesse de
la nature » ?

« Une tache de moisissure de la grandeur d'un grain
« de sable paraît dans le microscope comme un amas
« de plusieurs plantes très distinctes, dont les unes ont
« des fleurs, les autres des fruits ; il y en a qui n'ont
« que des boutons à demi ouverts ; il y en a quelques-
« unes qui sont fanées : de quelle étrange petitesse doi-
« vent être les racines et les filtres qui séparent les ali-
« ments de ces petites plantes ! Et si l'on vient à consi-
« dérer que ces plantes ont leurs graines ainsi que les
« chênes et les pins, et que ces petits animaux dont je
« viens de parler se multiplient par voie de génération,
« comme les éléphants et les baleines, où cela ne mène-
« t-il point? Qui a su travailler à des ouvrages si déli-
« cats, si fins, qui échappent à la vue des hommes, et
« qui tiennent de l'infini comme les cieux, bien que dans
« l'autre extrémité? Ne serait-ce point celui qui a fait
« les cieux, les astres, ces masses énormes, épouvan-
« tables par leur grandeur, par leur élévation, par la ra-
« pidité et l'étendue de leur course, et qui se joue de les
« faire mouvoir? »

L'ordre, la décoration, les effets de la nature
sont *populaires*, c'est La Bruyère lui-même qui
l'a dit. Le vulgaire se sent toujours ébranlé et
pris d'une émotion religieuse quand on l'amène
à réfléchir sur les merveilles du monde physique;
et les sceptiques et les incrédules, quitte à discuter sur les causes, ne nient point ces faits. Ils
les accordent d'autant plus volontiers, qu'ils

pensent pouvoir faire reprendre à leurs doutes ou à leurs négations tout l'avantage, dès qu'ils viennent à l'examen du monde moral. « Le monde physique, disait Chamfort, qui n'était rien moins qu'un croyant, paraît l'ouvrage d'un être puissant et bon... Mais le monde moral, ajoute-t-il aussitôt, paraît être le produit des caprices d'un diable devenu fou. » A la rigueur, le tremblement de terre de Lisbonne n'empêcherait pas Voltaire d'être optimiste, et déiste par conséquent ; c'est en réfléchissant sur la destinée humaine, qu'il écrit *Candide*, le plus irréligieux de tous les livres. Et le poète, qui salue Dieu dans la nature :

> Le monde entier te glorifie,
> L'oiseau te chante sur son nid,
> Et pour une goutte de pluie
> Des milliers d'êtres t'ont béni,

ce même poète, qui veut ardemment espérer et croire, pose avec angoisse ces questions qu'il laisse sans réponse :

> Pourquoi donc, ô Maître suprême,
> As-tu créé le mal si grand
> Que la raison, la vertu même
> S'épouvantent en le voyant ?
>
> . . . .

> Comment, sous la sainte lumière,
> Voit-on des actes si hideux
> Qu'ils font expirer la prière
> Sur les lèvres des malheureux?........
>
> . . . .

Si Dieu est, il est intelligence ; s'il est intelligence, il est justice. Et comment admettre que Dieu soit juste, lorsque l'on considère l'effrayante inégalité qui règne entre les conditions des hommes, lorsqu'on assiste tous les jours aux disgrâces de la vertu, aux triomphes du vice ?

Sans prétendre réfuter toutes les objections contre l'existence de Dieu, tirées de l'existence du mal moral, La Bruyère essaie de répondre aux deux questions posées plus haut, parce qu'elles lui paraissent les plus larges et les plus capables de troubler les esprits.

A son sens, non seulement l'inégalité dans les conditions n'est point un désordre, mais elle lui paraît même la condition de toute société, la condition du bonheur :

« Si vous faites cette supposition, que tous les hommes
« qui peuplent la terre sans exception soient chacun
« dans l'abondance, et que rien ne leur manque, j'infère
« de là que nul homme qui est sur la terre n'est dans

« l'abondance et que tout lui manque. Il n'y a que deux
« sortes de richesses, et auxquelles les autres se ré-
« duisent, l'argent et les terres : si tous sont riches, qui
« cultivera les terres, qui fouillera les mines ?..... etc...
« D'ailleurs cette égalité de possessions et de richesses
« en établit une autre dans les conditions, bannit toute
« subordination, réduit les hommes à se servir eux-
« mêmes, et à ne pouvoir être secourus les uns des
« autres, rend les lois frivoles et inutiles, entraîne une
« anarchie universelle, attire la violence, les injures, les
« menaces, l'impureté.

« Si vous supposez au contraire que tous les hommes
« sont pauvres, en vain le soleil se lève pour eux sur
« l'horizon, en vain il échauffe la terre et la rend féconde,
« en vain le ciel verse sur elle ses influences, les fleuves
« en vain l'arrosent et répandent dans les diverses con-
« trées la fertilité et l'abondance ; inutilement aussi la
« mer laisse sonder ses abîmes profonds, les rochers et
« les montagnes s'ouvrent pour laisser fouiller dans leur
« sein et en tirer tous les trésors qu'ils y renferment.
« Mais si vous établissez que de tous les hommes ré-
« pandus dans le monde, les uns soient riches et les
« autres pauvres et indigents, vous faites alors que le
« besoin rapproche naturellement les hommes, les lie,
« les réconcilie : ceux-ci servent, obéissent, inventent,
« travaillent, cultivent, perfectionnent ; ceux-là jouis-
« sent, nourrissent, secourent, protègent, gouvernent,
« tout ordre est rétabli, et Dieu se découvre.

« Une certaine inégalité dans les conditions, qui en-
« tretient l'ordre et la subordination, est l'ouvrage de
« Dieu, ou suppose une loi divine : une trop grande
« disproportion, et telle qu'elle se remarque parmi

« les hommes, est leur ouvrage, ou la loi des plus
forts. »

Ouvrage de l'homme encore, les crimes contre
l'individu, comme les crimes contre la société.
L'homme en effet est libre, sent qu'il est libre :
« De ce que je pense, je n'infère pas plus clairement que je suis esprit, que je conclus de ce que
je fais ou ne fais point selon qu'il me plaît, que je
suis libre; or liberté, c'est choix, autrement une
détermination volontaire au bien et au mal. »
Mais encore faut-il, pour que cette liberté ne
soit point anarchie, que le bon ou le mauvais usage
qu'on en fait reçoive une sanction ; il faut que, si
l'ordre a été troublé, il soit enfin rétabli. Or,
disent les incrédules,

« Les méchants prospèrent pendant qu'ils vivent. —
« Quelques méchants, je l'avoue. — La vertu est oppri-
« mée, et le crime impuni sur la terre. — Quelquefois,
« j'en conviens. — C'est une injustice. — Point du tout :
« il faudrait, pour tirer cette conclusion, avoir prouvé
« qu'absolument les méchants sont heureux, que la vertu
« ne l'est pas, et que le crime demeure impuni ; il fau-
« drait du moins que ce peu de temps où les bons
« souffrent et où les méchants prospèrent eût une durée
« et que ce que nous appelons prospérité et fortune ne
« fût pas une apparence fausse et une ombre vaine qui

« s'évanouit ; que cette terre, cet atome, où il paraît que
« la vertu et le crime rencontrent si rarement ce qui
« leur est dû, fût le seul endroit de la scène où se
« doivent passer les punitions et les récompenses. »

Mais il n'en va point ainsi ; car « il y a deux
mondes : l'un où l'on séjourne peu, et d'où l'on
doit sortir pour n'y plus rentrer, l'autre où l'on
doit bientôt entrer pour n'en jamais sortir. » C'est
le second qu'habitera notre âme, qui ne saurait
être anéantie, puisqu'elle est simple, incorrupti-
ble, capable de concevoir l'infini et le parfait ;
c'est dans ce monde que la justice sera satisfaite
et toute harmonie restaurée.

Libre arbitre, spiritualité et immortalité de
l'âme, croyance en un Dieu, principe d'ordre et
de justice, telle est, en résumé, la doctrine religieuse de La Bruyère. Ce ne sont point là sans
doute des nouveautés ; son argumentation même
n'est point de celles qui peuvent forcer dans leurs
dernières résistances les esprits superbes et opi-
niâtres. Il ne se piquait point d'ailleurs d'être
neuf au moins en ces matières. Quel est son premier mot ? « Tout est dit et l'on vient trop tard depuis six mille ans qu'il y a des hommes et qui pen-

sent. Sur ce qui concerne les mœurs, le plus beau
et le meilleur est enlevé ; l'on ne fait plus que glaner
après les anciens et les habiles d'entre les modernes. » Est-ce que cela ne signifie point : Dieu,
l'âme et la destinée de l'homme ont été, depuis
l'origine, l'objet de l'inquiétude de tous, et des
méditations des meilleurs d'entre nous ? Les esprits les plus hauts, les cœurs les plus généreux,
ont fait des actes de foi à un Dieu personnel, souverainement puissant, souverainement intelligent,
souverainement juste, et qui a donné à l'homme
une âme libre et immortelle. Quelque effort qu'on
ait tenté, on n'a jamais pu démontrer évidemment
que les idées de ces grands penseurs étaient de
pures faussetés ; ces idées au contraire sont deve-
nues le fond de la croyance commune, et l'humanité vit sur elles depuis de longs siècles. Cet héri-
tage de la tradition, nous ne saurions le rejeter
sans scandale, sans dommage pour nous-mêmes
et les autres ? Si orgueilleux que soit notre esprit,
si tendue que soit notre volonté, pouvons-nous
même n'être point enveloppés par cette tradition, qui, à notre insu, nous domine de toute
part ? La Bruyère ne le croit pas et avoue net-

tement que, pour son compte, il est *tradition-
niste.*

« Je sens qu'il y a un Dieu, et je ne sens pas qu'il
n'y en ait point ; cela me suffit, tout le raisonnement du
monde m'est inutile ; je conclus que Dieu existe. Cette
conclusion est dans ma nature ; *j'en ai reçu les principes trop aisément dans mon enfance,* je les ai depuis
conservés trop naturellement dans un âge plus avancé,
pour les soupçonner de fausseté. »

On peut juger que l'homme qui pense ainsi est
plutôt un croyant qu'un philosophe. Et pourtant,
il faut bien remarquer que, ces doctrines, La
Bruyère ne les a point acceptées aveuglément,
qu'il les a étudiées avec soin, et que, s'il y adhère,
c'est qu'il n'y trouve rien qui répugne à son esprit. Est-on bien fondé après tout à refuser le titre
de philosophe à ceux qui, lorsqu'ils abordent les
grands problèmes, sont moins préoccupés de
chercher des motifs de doute qu'ils ne désirent
trouver de nouvelles raisons de croire ?

En tout cas, si disposé qu'on soit à ne point se
défendre contre ce qu'il y a de sincère et de per-
suasif dans ce chapitre, on est contraint de reconnaître que La Bruyère n'est ni un métaphysicien,

ni un controversiste original. En revanche, ce qui lui est personnel, c'est la conception qu'il se fait des rapports de l'idée religieuse et de la morale.

Profondément convaincu que les croyances spiritualistes, et plus spécialement les croyances chrétiennes, sont la plus sûre garantie de la moralité, et qu'elles offrent en même temps l'idéal moral le plus élevé, il n'a cependant point pensé que la moralité ne pût exister en dehors d'elles. Il a bien dit un mot que nous avons déjà cité : « Je voudrais voir un homme sobre, modéré, chaste, équitable, prononcer qu'il n'y a point de Dieu ; il parlerait du moins sans intérêt ; mais cet homme ne se trouve point. » Mais c'est là un mot de polémiste. Le livre tout entier proteste contre cette parole exclusive. Ce livre témoigne que son auteur croit que l'homme est un animal essentiellement moral. N'est-ce pas dans l'homme même qu'il cherche des ressources pour le corriger ? Il montre la raison humaine, faible sans doute, sujette à l'erreur, prompte à céder aux assauts des passions et aux surprises des sophismes, mais pourtant capable de s'amender. Chez lui, pas d'autre maître que l'homme , c'est l'homme aux

prises avec lui-même, c'est l'homme qui se corrige.
Sans défi, sans violence, La Bruyère a fait entendre
que tous, quelle que fût leur foi, n'eussent-ils point
de foi, pouvaient prétendre à être d'honnêtes gens.
Cela avait autant de portée que les plaidoyers qu'on
lança plus tard en faveur de la tolérance ; ce bon
sens, mieux que les protestations les plus ardentes,
condamnait l'exclusivisme des sectaires.

La Bruyère n'est pas de ceux qui ne nous
laissent d'autre parti que de nous abandonner à
l'indifférence universelle ou de nous jeter, quoi
que nous en ayons, dans le mysticisme. Par là,
plus encore que par les séductions de sa forme
brillante, il devint le plus populaire de nos moralistes ; il ne doit pas cesser de l'être.

CHAPITRE II.

IDÉES DE LA BRUYÈRE SUR LE GOUVERNEMENT

ET LA SOCIÉTÉ.

L'histoire faisait partie du programme que La
Bruyère était chargé d'enseigner au jeune duc
de Bourbon. Il semble même que le prince de
Condé ait voulu qu'elle tînt la première place.
Sur ce point ses désirs se rencontraient avec les
goûts du précepteur de son petit-fils. M. Edouard
Fournier affirme avoir vu une lettre de La Bruyère
où il entretient un de ses correspondants de l'é-
tude qu'il fait des historiens grecs, Thucydide,
Polybe, Strabon. On peut contester l'authenticité
de ce document; mais pour nous assurer de l'importance que La Bruyère attachait à l'enseignement
historique, il nous suffit de voir comment il rend
compte à Condé de ses leçons. « Je viens de finir
avec Monsieur le duc de Bourbon l'expédition de
Louis XII à Naples et la conquête de tout ce
royaume. Comme je sais que Votre Altesse Séré-

nissime veut que je l'instruise des motifs des guerres et des fautes des princes ou de leur bon conseil, *et que sans cela même l'histoire n'est qu'une simple gazette,* je lui ai fait voir aujourd'hui comment le parti que ce prince prit d'entreprendre cette guerre contre Ferdinand, roi des Espagnes, à frais communs, et de partager avec lui la conquête de Naples, où il pouvait réussir lui seul, après celle de l'Etat de Milan qu'il venait de faire, et la ruine de Ludovic, qu'il tenait prisonnier à Loches, a attiré les Espagnols dans l'Italie et a fait dans la suite qu'ils en sont demeurés les maîtres et le sont encore.... Son Altesse *a paru entrer dans ces raisons qu'il a toujours aimées autant et plus même que les simples faits.* » Ailleurs La Bruyère se félicite de voir son élève répondre nettement sur des questions où il entre pourtant « *bien des intrigues et du cabinet.* »

L'histoire telle qu'il l'enseigne, telle qu'il l'aime, n'est donc point une simple gazette ; plus que des faits, il se préoccupe des desseins et de leur suite ; il fait, comme nous dirions, de l'histoire politique.

Lorsqu'on s'engage ainsi, par goût et avec suite,

dans l'examen de la politique passée, comment, surtout si l'on est un moraliste, ne point être tenté d'étudier de même la politique de son temps ? Quand l'on s'intéresse à l'histoire déjà faite, si je peux ainsi parler, n'est-on pas amené à s'inté-resser, et plus encore, à l'histoire qui se fait ? La Bruyère n'était-il pas averti par ses études sur l'ancienne monarchie qu'il y avait un lien étroit entre les mœurs et les institutions ? Et ne devait-il pas chercher à ressaisir ce lien, quand il re-traçait les *Caractères* de son siècle ?

Joignez qu'il était bien placé pour voir passer l'histoire, comme on a dit, — à une première loge, selon le mot de Sainte-Beuve, — dans la maison du second personnage du royaume; ajoutez qu'il était désintéressé, dégagé de toute intrigue, de toute coterie, qu'il avait la vue nette et libre. Combien il eût été étrange qu'il fermât les yeux !

Aussi ne les ferma-t-il point. Il regarda et vit, presque toujours avec justesse, l'état de la société contemporaine et comme elle était gouvernée. Mais il dit avec réserve ce qu'il avait vu, et se garda de proposer, même de faire prévoir des

changements dans ce qu'il trouvait défectueux
ou condamnable.

L'heure n'était pas encore venue où l'on pouvait écrire des volumes de *Considérations* ou des
Projets de réforme. Lorsque les *Caractères* parurent
en 1688, Louis XIV avait déjà commis bien des
fautes ; mais son prestige restait intact. La Ligue
d'Augsbourg se forme ; mais les sujets du grand
roi ne songent guère que cette coalition a été
suscitée par son orgueil ; ils croient seulement
que les princes et les peuples étrangers sont jaloux de la gloire et de la grandeur qu'il a données
à la France. Plus que jamais, en face du péril, le
roi et la nation sont infatués d'eux-mêmes. Qui
donc alors eût écouté un donneur d'avis, un
homme à projets ?

Et quels risques ne courait-on pas dans une pareille entreprise ! Ce roi, qui longtemps avait
mérité des éloges, n'avait pas encore entendu de
critiques ; les pamphlets des réfugiés protestants
n'arrivaient pas jusqu'à son trône. Il n'eût pas
toléré qu'en plein Paris un écrivain osât élever
la voix contre son gouvernement. La Bruyère le
savait bien. « Un homme né chrétien et Français,

dit-il, se trouve contraint dans la satire : les grands sujets lui sont défendus (1). » Il faudra l'effroyable détresse financière de la fin du règne pour que Boisguillebert ose publier son *Détail de la France* (1697), et Vauban sa *Dîme royale* (1706).

« Les grands sujets », La Bruyère ne les abordera donc point de front ; comme il le dit, il se contentera de les « entamer ». — On a remarqué qu'il avait fait de la république athénienne un vif éloge, qui vaut d'être cité :

« Il est vrai, Athènes était libre ; c'était le centre d'une
« république ; ses citoyens étaient égaux ; ils ne rou-
« gissaient point l'un de l'autre ; ils marchaient presque
« seuls et à pied dans une ville propre, paisible et spa-
« cieuse, entraient dans les boutiques et dans les mar-
« chés, achetaient eux-mêmes les choses nécessaires ;
« l'émulation d'une cour ne les faisait point sortir d'une
« vie commune;... ils passaient une partie de leur vie
« dans les places, dans les temples, aux amphithéâtres,
« sur un port, sous des portiques, et au milieu d'une
« ville dont ils étaient également les maîtres. Là, le
« peuple s'assemblait pour délibérer des affaires publi-
« ques ; ici, il s'entretenait avec les étrangers ; ailleurs,
« les philosophes tantôt enseignaient leur doctrine, tantôt
« conféraient avec leurs disciples : ces lieux étaient tout
« à la fois la scène des plaisirs et des affaires. Il y avait

(1) *Des Ouvrages de l'Esprit.*

« dans ces mœurs quelque chose de simple et de popu-
« laire, et qui ressemble peu aux nôtres, je l'avoue ; mais
« cependant quels hommes, en général, que les Athé-
« niens, et quelle ville qu'Athènes ! Quelles lois ! quelle
« police ! quelle valeur ! quelle discipline (1) ! »

Il y a là sans doute un accent d'admiration sincère. Et pourtant comme on se tromperait, si l'on allait conclure de cette page, que La Bruyère ait nourri des préférences pour la forme républicaine. En matière constitutionnelle, comme nous dirions, il a fait sa profession de foi en termes tels qu'ils ne laissent place à aucune équivoque :

« Quand on parcourt sans la prévention de son pays
« toutes les formes de gouvernement, l'on ne sait à
« laquelle se tenir ; il y a dans toutes le moins bon et le
« moins mauvais. Ce qu'il y a de plus raisonnable et de
« plus sûr, c'est d'estimer celle où l'on est né la meilleure
« de toutes, et de s'y soumettre (2). »

Ce n'est point là le langage d'un royaliste enthousiaste, — bien moins encore celui d'un révolutionnaire, ou même d'un réformateur. — Comme tous les hommes de son temps, La

(1) *Discours sur Théophraste.*
(2) *Du Souverain ou de la République.*

Bruyère ne crut pas qu'il y eût, pour la France, d'autre gouvernement possible que la monarchie. Comment penser autrement, dans l'éblouissement du grand règne ? Mais, ce dont on ne s'avisa guère alors, il s'aperçut pourtant des périls où l'absolutisme entraînait le roi et la nation, et, discrètement, il fit sentir ce que ce régime, qui mettait un peuple entre les mains d'un homme, avait d'inquiétant pour le sens commun :

« Si c'est trop de se trouver chargé d'une seule fa-
« mille, si c'est assez d'avoir à répondre de soi seul,
« quel poids, quel accablement que celui de tout un
« royaume ! Un souverain est-il payé de ses peines par
« le plaisir que semble donner une puissance absolue,
« par toutes les prosternations des courtisans? Je songe
« aux pénibles, douteux et dangereux chemins qu'il est
« quelquefois obligé de suivre pour arriver à la tran-
« quillité publique; je repasse les moyens extrêmes,
« mais nécessaires, dont il use souvent pour une bonne
« fin; je sais qu'il doit répondre à Dieu même de la
« félicité de ses peuples, que le bien et le mal est en ses
« mains, et que toute ignorance ne l'excuse pas; et je
« me dis à moi-même: voudrais-je régner (1)? »

Louis XIV avait donné la formule de l'absolutisme, lorsqu'il prononça, s'il est vrai qu'il la

______

(1) *Du Souverain ou de la République.*

prononça jamais, la fameuse parole : « L'Etat, c'est moi. » Mais on ne saurait dire que cette conception du gouvernement lui soit venue de son propre fond ; elle lui avait été comme inculquée par l'éducation. Qu'on se souvienne de l'anecdote contée par son valet de chambre, Laporte : « Lorsque Sa Majesté, dit-il, appelait Villeroy, son gouverneur, et lui disait : M. le maréchal ? celui-ci répondait : Oui, Sire, avant de savoir ce qu'on lui voulait, tant il avait peur de lui refuser quelque chose. » Aussi peut-on croire que les fautes de Louis XIV lui sont moins imputables qu'à la doctrine où il avait été élevé, et, lorsque La Bruyère les critique, il a moins à faire à la personne du roi qu'aux abus du gouvernement personnel.

On sait que Louis XIV se considérait comme unique propriétaire des biens de ses sujets ; un moment, paraît-il, on songea à prendre des dispositions pour que cette théorie passât dans le domaine des faits ; c'est à quoi La Bruyère fait allusion, quand il écrit : « Ajouter qu'il (le roi) est maître absolu de tous les biens de ses sujets, sans égards, sans compte ni discussion, c'est le langage de la flatterie, c'est l'opinion d'un favori qui se dédira à l'agonie (1). » L'indignation perce sous ces paroles ; mais contre qui ? contre le roi ? non pas ; contre la logique de l'absolutisme poussée à bout.

Poussée à bout? pas encore. Autant que des biens de ses sujets, le prince prétend disposer de leurs personnes. Ils vivent pour lui ; par lui, ils sont ce qu'ils sont ; de lui, ils tiennent leurs lumières et leurs capacités ; sans lui, ils n'ont pas de mérite propre. « Sous un très grand roi, ceux qui tiennent les premières places n'ont que des devoirs faciles, et que l'on remplit sans nulle peine : tout coule de source ; l'autorité et le génie du prince leur aplanissent les chemins, leur épargnent les difficultés, et font tout prospérer au delà de leur attente : ils ont le mérite de subalternes (2). » Qui parle ainsi ? Dangeau, Villeroy, La Feuillade ? Non pas, mais La Bruyère. Sent-on assez l'ironie de l'homme qui a écrit le chapitre du *Mérite personnel* ? Non ? Qu'on lise alors la réflexion suivante : « Les grands sont si heureux qu'ils n'es-

(1) *Du Souverain ou de la République.*
(2) *Id.*

suient pas même, dans toute leur vie, l'inconvénient de regretter la perte de leurs meilleurs ser-
viteurs, ou des personnes illustres dans leur genre,
et dont ils ont tiré le plus de plaisir et le plus
d'utilité. La première chose que la flatterie sait
faire, après la mort de *ces hommes uniques, et qui ne
se réparent point,* est de leur supposer des endroits
faibles, dont elle prétend que ceux qui leur succèdent sont très exempts : elle assure que l'un,
avec toutes les lumières de l'autre, dont il prend
la place, n'en a point les défauts ; et ce style sert
aux princes à se consoler du grand et de l'excellent par le médiocre (1). » Et en effet Louis XIV
se consolait sans peine de la mort de ses plus
grands ministres ; que dis-je ? il s'en réjouissait,
comme de la disparition de ceux qui l'avaient
lassé par des excès de zèle. Un jour, dans un
souper de Marly, comme on parlait du siège de
Mons et des grandes choses qu'il y avait faites :
« Il est vrai, dit-il avec abandon, que cette
année-là me fut heureuse : je fus défait de trois
hommes que je ne pouvais plus souffrir : M. de
Louvois, Seignelay et La Feuillade. » Le propos

1) *Des Grands.*

est bien caractéristique : il montre que dans un favori, comme La Feuillade, Louis XIV ne songeait point à voir un ami qu'il pût regretter. Quant à ses ministres, pourquoi s'inquiéter de leur mort? Colbert est mort, Louvois est mort, de Lionne est mort : vive le roi ! Le roi vivant, il n'y a pas d'hommes irréparables. C'est du roi, ou, pour parler plus exactement, c'est de la royauté qu'ils tiennent leur emploi et en même temps toutes les qualités qu'il faut pour le remplir. Barbezieux est chargé après son père du ministère de la guerre ; il prend ce terrible fardeau à une heure critique ; il est médiocre ; il n'a que vingt-quatre ans ; qu'importe ? « J'ai formé votre père, lui dit Louis XIV, je vous formerai de même. » Il est certain que le roi crut toujours, non par infatuation personnelle, mais par une confiance absolue dans l'influence souveraine de son titre, que des hommes comme Louvois et Colbert n'avaient été que de bons commis, à qui il ne devait rien, qui lui devaient tout.

C'est ainsi que le favoritisme fut une des plaies de ce règne : plaie incurable, parce que le roi se persuadait qu'il n'avait pas à choisir, qu'il lui suffisait de désigner, parce qu'il croyait donner à ses favoris « la capacité avec la patente », et, partant, n'avoir jamais à se repentir d'un caprice. La Bruyère, d'un mot froid et perçant, montrait cet abus absurde du gouvernement personnel : « La faveur des princes, disait-il, n'exclut pas le mérite, elle ne le suppose pas aussi (1). » Plus tard les faits lui donnaient tristement raison ; Tallard Marsin et Villeroy succédaient à Condé, Turenne et Luxembourg; après Rocroi, Altenheim, Neerwinden, la France connut Hoochstœdt et Ramillies. La Bruyère allait plus loin ; il faisait pressentir comment le favoritisme traînait après lui la déconsidération de la monarchie.

« Il y a des gens à qui la faveur arrive comme un accident ; ils en sont les premiers surpris et consternés. Ils se reconnaissent enfin et se trouvent dignes de leur étoile ; et, comme si la fortune ou la stupidité étaient choses incompatibles, ou qu'il fût impossible d'être heureux et sot tout à la fois, ils se croient de l'esprit... Ajouterais-je qu'ils épouvantent ou qu'ils donnent le dernier dégoût par leur fatuité et par leurs fadaises ? Il est vrai du moins *qu'ils déshonorent sans ressource* ceux qui ont quelque part au hasard de leur élévation (2). »

(1) *Des Jugements.*
(2) *De la Cour.*

Et, en regard de ces favoris entêtés d'eux-mêmes, de ce roi qu'abuse la conception en quelque sorte théologique qu'il se fait de la royauté, le moraliste clairvoyant distingue une puissance, obscure encore, mais qui grandit et qui, malgré tout, commence déjà à compter, l'opinion publique :

« L'on voit des hommes que le vent de la faveur pousse
« d'abord à pleines voiles; ils perdent en un moment la
« terre de vue et font leur route ; tout leur rit, tout leur
« succède : action, ouvrages, tout est comblé d'éloges et
« de récompenses ; ils ne se montrent que pour être em-
« brassés, félicités. Il y a un rocher immobile qui s'é-
« lève sur une côte ; les flots se brisent au pied; la
« puissance, les richesses, la violence, la flatterie, l'au-
« torité, la faveur, tous les vents ne l'ébranlent pas ; c'est
« le public, où ces gens échouent (1) ».

La guerre, comme le favoritisme, fut un des fléaux de ce règne, — surtout lorsqu'on mit des favoris à la tête de nos armées. La France soutint alors contre l'Europe une lutte presque ininterrompue. Que l'ambition personnelle de Louis XIV, que son amour de la gloire aient ainsi tenu la nation sous les armes, il n'en faut pas douter. Mais le roi eût-il été sans passion, ses idées absolutis-

____

(1) *Des Jugements.*

LA BRUYÈRE.

tes auraient fatalement provoqué des coalitions.
La guerre était une nécessité de ce gouvernement
qui ne supportait pas plus de contrepoids au
dehors qu'il ne tolérait de discussion ou de contrôle à l'intérieur. Aussi voit-on que tous les écrivains du temps chantaient les conquêtes et les
victoires du roi. Boileau célèbre la prise de Namur
et le passage du Rhin ; avec Racine il tient registre
des campagnes de Louis XIV. Le bon La Fontaine
lui-même embouche la trompette :

Mars nous fait recueillir d'amples moissons de gloire :
C'est à nos ennemis de craindre les combats,
A nous de les chercher, certains que la victoire,
Amante de Louis, suivra partout ses pas.

Lorsque La Bruyère éleva la voix contre la
guerre, c'était une nouveauté et une hardiesse ; et
ce qui nous paraît aujourd'hui un lieu commun
dut sembler aux contemporains une protestation
courageuse. Il la flétrit d'abord au nom de la raison, de l'humanité et de la justice :

« La guerre a pour elle l'antiquité ; elle a été dans tous
« les siècles ; on l'a toujours vue remplir le monde de
« veuves et d'orphelins, épuiser les familles d'héritiers,
« et faire périr les frères à une même bataille... De

« tout temps les hommes, pour quelque morceau de
« terre de plus ou de moins, sont convenus entre eux de
« se dépouiller, se brûler, se tuer, s'égorger les uns les
« autres; et, pour le faire plus ingénieusement et avec
« plus de sûreté, ils ont inventé de belles règles qu'on
« appelle l'art militaire : ils ont attaché à la pratique de
« ces règles la gloire, ou la plus solide réputation ; et ils
« ont depuis enchéri de siècle en siècle sur la manière de
« se détruire réciproquement. De l'injustice des premiers
« hommes, comme de son unique source, est venue la
« guerre, ainsi que la nécessité où ils se sont trouvés de
« se donner des maîtres qui fixassent leurs droits et
« leurs prétentions. Si, content du sien, on eût pu s'abste-
« nir du bien de ses voisins, on avait pour toujours la
« paix et la liberté (1). »

Bien plus, La Bruyère raille la guerre comme
une sottise :

«... Je consens que vous disiez d'un homme qui court
« le sanglier, qui le met aux abois, qui l'atteint et qui le
« perce : « Voilà un brave homme ». Mais si vous voyez
« deux chiens qui s'aboient, qui s'affrontent, qui se
« mordent et se déchirent, vous dites : « Voilà de sots
« animaux » ; et vous prenez un bâton pour les séparer.
« Que si l'on vous disait que tous les chats d'un grand
« pays se sont assemblés par milliers dans une plaine,
« et qu'après avoir miaulé tout leur soûl, ils se sont jetés
« avec fureur les uns sur les autres, et ont joué ensemble

(1) *Du Souverain ou de la République.*

« de la dent et de la griffe ; que de cette mêlée il est
« demeuré de part et d'autre neuf à dix mille chats sur
« la place, qui ont infecté l'air à dix lieues de là par leur
« puanteur, ne diriez-vous pas : Voilà le plus abominable
« *sabbat* dont on ait jamais ouï parler (1) ? »

Et, poursuivant avec une ironie dont Swifft s'est
peut-être souvenu :

« ... Vous devez en guerre être habillés de fer, ce qui
« est, sans mentir, une jolie parure, et qui me fait souve-
« nir de ces quatre puces célèbres que montrait autre-
« fois un charlatan, subtil ouvrier, dans une fiole où il
« avait trouvé le secret de les faire vivre : il leur avait
« mis à chacune une salade en tête, leur avait passé un
« corps de cuirasse, mis des brassards, des genouillères,
« la lance sur la cuisse ; rien ne leur manquait, et en cet
« équipage elles allaient par sauts et par bonds dans
« leur bouteille. Feignez un homme de la taille du mont
« Athos ; pourquoi non ? une âme serait-elle embarrassée
« d'animer un tel corps ? elle en serait plus au large : si
« cet homme avait la vue assez subtile pour vous décou-
« vrir quelque part sur la terre avec vos armes offensives
« et défensives, que croyez-vous qu'il penserait de petits
« marmousets ainsi équipés, et de ce que vous appelez
« guerre, cavalerie, infanterie, un mémorable siège, une
« fameuse journée ? N'entendrai-je donc plus bourdonner
« d'autre chose parmi vous ? Le monde ne se divise-t-il
« plus qu'en régiments et en compagnies ? tout est-il

(1) *Des Jugements.*

« devenu bataillon ou escadron? *Il a pris une ville, il en*
« *a pris une seconde, puis une troisième ; il a gagné une*
« *bataille, deux batailles ; il chasse l'ennemi, il vainc sur*
« *terre, il vainc sur mer ;* est-ce de quelqu'un de vous
« autres, est-ce d'un géant, d'un Athos que vous par-
« lez (1) ? »

Il y a bien de la vivacité dans cette critique ; plus tard, pour beaucoup moins, Fénelon fut envoyé en exil à Cambrai.

Mais gardons-nous de rien exagérer. La Bruyère a beau voir avec netteté les abus et les excès de l'absolutisme, il ne songe point à rien qui puisse le remplacer. En un passage, trop peu remarqué peut-être, il semble souhaiter que le principe de l'élection soit appliqué dans l'attribution des emplois publics :

« L'on se présente encore pour les charges de ville,
« l'on postule une place dans l'Académie française, l'on
« demandait le consulat : quelle moindre raison y au-
« rait-il de travailler les premières années de sa vie à se
« rendre capable d'un grand emploi, et de demander
« ensuite sans nul mystère, et sans nulle intrigue, mais
« ouvertement et avec confiance, d'y servir sa patrie, son
« prince, la république (2) ? »

(1) *Des Jugements.*
(2) *De la Cour.*

Mais ce serait forcer la portée de cette réflexion que d'y trouver l'idée, même obscure, d'une monarchie constitutionnelle. Les vœux de La Bruyère ne vont pas plus loin qu'à voir l'absolutisme se modérer, se tempérer, devenir paternel :

« Quand vous voyez un nombreux troupeau qui, ré-
« pandu sur une colline vers le déclin d'un beau jour,
« paît tranquillement le thym et le serpolet, ou qui
« broute dans une prairie une herbe menue et tendre
« qui a échappé à la faux du moissonneur, le berger,
« soigneux et attentif, est debout auprès de ses brebis ;
« il ne les perd pas de vue, il les suit, il les conduit, il les
« change de pâturage ; si elles se dispersent, il les ras-
« semble ; si un loup avide paraît, il lâche son chien, qui
« le met en fuite ; il les nourrit, il les défend ; l'aurore
« le trouve déjà en pleine campagne, d'où il ne se retire
« qu'avec le soleil : quels soins ! quelle vigilance ! quelle
« servitude ! Quelle condition vous paraît la plus déli-
« cieuse et la plus libre, ou du berger ou des brebis ? Le
« troupeau est-il fait pour le berger ou le berger pour le
« troupeau ? image naïve des peuples et du prince qui les
« gouverne, s'il est bon prince (1). »

Que la nation soit gouvernée par un roi pacifique, soucieux de bien administrer et dont l'auto-

______

(1) *Du Souverain ou de la République.*

rité ne s'appesantisse pas violemment sur ses sujets, et La Bruyère se tiendra satisfait.

« La science des détails, ou une diligente attention aux
« moindres besoins de la république, est une partie
« essentielle au bon gouvernement, trop négligée, à la
« vérité, dans les derniers temps, par les rois ou par les
« ministres, mais qu'on ne peut trop souhaiter dans le
« souverain qui l'ignore, ni assez estimer dans celui qui
« la possède. Que sert en effet au bien des peuples et à la
« douceur de leurs jours, que le prince place les bornes de
« son empire au delà des terres de ses ennemis ; qu'il fasse
« de leurs souverainetés des provinces de son royaume ;
« qu'il leur soit également supérieur par les sièges et par
« les batailles, et qu'ils ne soient devant lui en sûreté ni
« dans les plaines, ni dans les plus forts bastions ; que les
« nations s'appellent les unes les autres, se liguent ensem-
« ble pour se défendre et pour l'arrêter ; qu'elles se
« liguent en vain ; qu'il marche toujours, et qu'il triom-
« phe toujours..... Que me servirait en un mot, comme
« à tout le peuple, que le prince fût heureux et comblé
« de gloire....., que ma patrie fût puissante et formi-
« dable, si, triste et inquiet, j'y vivais dans l'oppression
« ou dans l'indigence ; si, à couvert des courses de
« l'ennemi, je me trouvais exposé dans les places ou
« dans les rues d'une ville au fer d'un assassin, et que je
« craignisse moins dans l'horreur de la nuit d'être pillé
« ou massacré dans d'épaisses forêts que dans ses carre-
« fours ; si la sûreté, l'ordre et la propreté ne rendaient
« pas le séjour des villes si délicieux, et n'y avaient pas
« amené, avec l'abondance, la douceur de la société : si,
« faible et seul de mon parti, j'avais à souffrir dans ma

« métairie du voisinage d'un grand, et si l'on avait moins
« pourvu à me faire justice de ses entreprises ; si je
« n'avais pas sous ma main autant de maîtres, et d'ex-
« cellents maîtres, pour élever mes enfants dans les
« sciences ou dans les arts qui feront un jour leur éta-
« blissement ; si, par la facilité du commerce, il m'était
« moins ordinaire de m'habiller de bonnes étoffes, et de
« me nourrir de viandes saines, et de les acheter peu ;
« si enfin, par les soins du prince, je n'étais pas aussi
« content de ma fortune, qu'il doit lui-même par ses
« vertus l'être de la sienne (1) ? »

Cinquante ans plus tard, on trouvera cet idéal
fort arriéré ; mais lorsque La Bruyère écrivait, on
avait oublié les hardies spéculations politiques du
XVIe siècle ; le gouvernement libéral de l'Angle-
terre, que Voltaire et Montesquieu devaient étudier, s'inaugurait à peine. La Bruyère ne fut pas
et ne pouvait être un novateur ; pourtant, quelle
qu'ait été sa modération, ou même, si l'on veut,
sa timidité, les novateurs du siècle suivant lui
devront beaucoup, parce qu'avec clairvoyance et
non sans courage il a distingué et révélé les défauts et les vices du régime qu'ils allaient combattre.

(1) *Du Souverain ou de la République*

D'ailleurs il a eu bien moins de circonspection, lorsqu'il a examiné la hiérarchie au sommet de laquelle se trouvait la royauté. Ici il pousse à fond et directement ses attaques. Non pas sans doute qu'il veuille la destruction de toute inégalité sociale ; il est fort loin d'une pareille idée :

« Une certaine inégalité dans les conditions, qui entre-
« tient l'ordre et la subordination, est l'ouvrage de Dieu,
« ou suppose une loi divine (1). »

Mais il montre vivement comment, dans la société où il vit, cette inégalité a cessé d'être acceptable, parce que les privilégiés ont oublié les devoirs, ont cessé de rendre les services qui pouvaient, en quelque façon, légitimer leurs privilèges.

« Veut-on, disait Chamfort, avoir une preuve de la parfaite inutilité de tous les livres de morale, de sermons, etc. ? Il n'y a qu'à jeter les yeux sur le préjugé de la noblesse héréditaire. Y a-t-il un travers contre lequel les philosophes, les orateurs, les poètes aient lancé plus de traits satiriques, qui ait plus exercé les esprits de toute

(1) *Des Esprits forts.*

5*

espèce, qui ait fait naître plus de sarcasmes? Cela
a-t-il fait tomber les présentations, la fantaisie
de monter dans les carrosses? Cela a-t-il fait sup-
primer la place de Chérin ? » Peut-être vint-il à
La Bruyère une réflexion de ce genre. En tout cas
il ne s'attarde guère à discuter le principe même
sur lequel est fondée la noblesse. Un trait ou deux
lui suffisent :

« Les grands ne doivent point aimer les premiers
« temps ; ils ne leur sont point favorables : il est triste
« pour eux d'y voir que nous sortions tous du frère et
« de la sœur. Les hommes composent ensemble une
« même famille : il n'y a que le plus ou le moins dans le
« degré de parenté (1). »

Ce qu'il s'attache à faire voir, c'est l'indignité
des nobles de son temps.

« Si la noblesse est vertu, dit-il, elle se perd par tout
« ce qui n'est pas vertueux ; et si elle n'est pas vertu,
« c'est peu de chose (2). »

Par *vertu*, suivant le langage de l'époque, c'est
mérite qu'il entend, et, sans contester le droit des
nobles à occuper le premier rang, il veut que du

(1) *Des Grands.*
(2) *De Quelques Usages.*

moins par leur mérite ils soutiennent ce droit. Mais comme ils sont loin d'y songer ! Ne travaillent-ils pas eux-mêmes au contraire à leur déchéance ?

Moins soucieuse de servir la France qu'empressée à s'asservir au roi, la noblesse est devenue une noblesse de cour. On lui a laissé ses privilèges, « franchises, immunités, exemptions, privilèges. Que manque-t-il à ceux qui ont un titre (1) ? » Elle fait bon marché de ses prérogatives et de ses libertés anciennes qui lui imposaient des charges et des devoirs. Elle a perdu toute générosité, tout désintéressement ; frivole et égoïste, le luxe et le plaisir sont les seuls objets qu'elle poursuive :

« Les Grands se piquent d'ouvrir une allée dans une « forêt, de soutenir des terres par de longues murailles, « de dorer des plafonds, de faire venir dix pouces d'eau, « de meubler une orangerie ; mais de rendre un cœur « content, de combler une âme de joie, de prévenir « d'extrêmes besoins ou d'y remédier, leur curiosité ne « s'étend pas jusque-là (2). »

Se parer de dignités vides, servir de cortège et

(1) *De Quelques Usages.*
(2) *Des Grands.*

comme de décor à un monarque fastueux, voilà désormais toute l'ambition des nobles ; voilà ce qu'ils ne croient pas payer trop cher de leur servitude. « Qui est plus esclave qu'un courtisan assidu, si ce n'est un courtisan plus assidu (1) ? » Et pourtant cette servitude est lourde à porter ; qui s'y est plié une fois, ne saurait se redresser. Elle déforme l'homme tout entier ; on ne lui fait pas sa part ; elle pèse sur toute l'âme ; et ce qu'il y a de plus intime dans la conscience, la foi religieuse même, ne saurait lui échapper.

« Les grands de la nation s'assemblent tous les jours,
« à une certaine heure, dans un temple qu'ils nomment
« église. Il y a au fond de ce temple un autel consacré à
« leur dieu, où un prêtre célèbre des mystères qu'ils
« appellent saints, sacrés et redoutables. Les grands
« forment un vaste cercle au pied de cet autel, et pa-
« raissent debout, le dos tourné directement au prêtre
« et aux saints mystères, et les faces élevées vers leur
« roi, que l'on voit à genoux sur une tribune, et à qui ils
« semblent avoir tout l'esprit et tout le cœur appliqués.
« On ne laisse pas de voir dans cet usage une espèce de
« subordination ; car ce peuple paraît adorer le prince
« et le prince adorer Dieu (2). »

(1) *De la Cour.*
(2) *Id.*

Par quel mérite, d'ailleurs, la noblesse pourrait-elle se soustraire à cet asservissement ? Il lui reste, il est vrai, « cette disposition de cœur et d'esprit, qui passe des aïeuls par les pères dans leurs descendants,..... cette bravoure si familière aux personnes nobles » (1). Mais ses hautes qualités militaires ont péri. Elle porte dans les camps les mœurs et les habitudes de la cour, elle introduit dans les armées le luxe et la mollesse et, par là, déjà prépare des revers comme celui de Rosbach :

« Ragoûts, liqueurs, entrées, entremets, tous mots
« qui devraient être barbares et inintelligibles en notre
« langue ; et, s'il est vrai qu'ils ne devraient pas être
« d'usage en pleine paix, où ils ne servent qu'à entre-
« tenir le luxe et la gourmandise, comment peuvent-ils
« être entendus dans le temps de la guerre et d'une
« misère publique, à la vue de l'ennemi, à la veille d'un
« combat, pendant un siège ? Où est-il parlé de la table
« de Scipion ou de celle de Marius ? Ai-je lu quelque part
« que Miltiade, qu'Epaminondas, qu'Agésilas aient fait
« une chère délicate ? Je voudrais qu'on ne fît mention
« de la délicatesse, de la propreté et de la somptuosité
« des généraux qu'après n'avoir plus rien à dire sur leur
« sujet, et s'être épuisé sur les circonstances d'une ba-

(1) *Des Grands.*

« taille gagnée et d'une ville prise : j'aimerais même
« qu'ils voulussent se priver de cet éloge (1). »

Dans les conseils du roi, les gentilshommes
laissent à d'autres le soin et l'honneur de jouer un
rôle, d'exercer une influence :

« Pendant que les grands négligent de *rien connaître*,
« *je ne dis pas seulement aux intérêts des princes et aux*
« *affaires publiques*, mais à leurs propres affaires ; qu'ils
« ignorent l'économie et la science d'un père de famille,
« et qu'ils se louent eux-mêmes de cette ignorance ;
« qu'ils se laissent appauvrir et maîtriser par des inten-
« dants ; qu'ils se contentent d'être gourmets ou *coteaux*,
« d'aller chez *Thaïs* ou chez *Phryné*, de parler de la
« meute et de la vieille meute, de dire combien il y a
« de postes de Paris à Besançon ou à Phillisbourg, des
« citoyens s'instruisent du dedans et du dehors d'un
« royaume, étudient le gouvernement, deviennent fins
« et politiques, savent le fort et le faible de tout un Etat,
« songent à se mieux placer, se placent, s'élèvent, de-
« viennent puissants, soulagent le prince d'une partie
« des soins publics. Les grands qui les dédaignaient les
« révèrent : heureux s'ils deviennent leurs gendres (2) ! »

Ce dernier trait achève le tableau de la déca-
dence de la noblesse ; elle-même, par ses mésal-

(1) *De Quelques Usages.*
(2) *Des Grands.*

liances, hâte le moment où elle ne pourra plus se prévaloir pour se distinguer du reste de la nation, de la pureté de ses origines. Car, en se mésalliant, elle ne mélange pas seulement son *sang bleu*, elle le corrompt et le déshonore. Si un gentilhomme épouse la fille d'un robin, ce n'est point qu'il veuille entrer dans une famille honorée par de grandes vertus ou de grands talents : c'est que la fille est riche. Comment en douter ? Ne voit-on pas de grands seigneurs devenir les gendres des financiers les plus tarés !

« Si le financier manque son coup, les courtisans « disent de lui : C'est un bourgeois, un homme de rien, « un malotru. S'il réussit, ils lui demandent sa fille (1). »

Bien plus, de même que les nobles se vendent, on voit que la noblesse s'achète. Telle charge, qui s'acquiert à beaux deniers comptants, rend noble qui la paie ; c'est une *savonnette à vilains*. « Il y a des gens qui n'ont pas le moyen d'être nobles » (2); mais d'autres se lèvent nobles après s'être couchés roturiers. Comment un patriciat si fort mêlé et adultéré aurait-il conservé son pres-

(1) *Des Biens de fortune.*
(2) *De Quelques Usages.*

tige ? Aussi La Bruyère, qui d'ordinaire ne se met point en scène, ne craint-il pas de railler la noblesse à visage découvert, en son nom propre :

« Je le déclare nettement, afin que l'on s'y prépare, « et que personne un jour n'en soit surpris : s'il arrive « jamais que quelque grand me trouve digne de ses « soins, si je fais enfin une belle fortune, il y a un Geof- « froy de la Bruyère que toutes les chroniques rangent « au nombre des plus grand seigneurs de France qui « suivirent Godefroy de Bouillon à la conquête de la « Terre-Sainte ; voilà alors de qui je descends en ligne « directe (1). »

Dans la société de ce temps, le clergé prend rang, non au-dessous, mais à côté de la noblesse. La Bruyère, qui, nous l'avons vu, ne répugne pas à admettre en principe les inégalités, qui, d'ailleurs, est un chrétien fervent, ne trouvait pas mauvais sans doute qu'il fût ainsi assuré de la primauté. Il regrette seulement que ses privilèges aient un caractère trop temporel. Se souvenant des premiers chrétiens, « simples gens, qui n'avaient que la foi et les œuvres, et qui se réduisaient à croire et à bien vivre », comment

____

(1) *De Quelques Usages.*

ne leur eût-il pas comparé les prêtres grands seigneurs et gros bénéficiaires, qu'il voyait autour
de lui ?

« Ce garçon si frais, si fleuri, et d'une si belle santé,
« est seigneur d'une abbaye et de dix autres bénéfices :
« tous ensemble lui rapportent six vingt mille livres de
« revenu, dont il n'est payé qu'en médailles d'or. Il y a
« ailleurs six vingts familles indigentes qui ne se chauf-
« fent point pendant l'hiver, qui n'ont point d'habits pour
« se couvrir, et qui souvent manquent de pain ; leur pau-
« vreté est extrême et honteuse : quel partage ! et cela
« ne prouve-t-il pas clairement un avenir (1) ! »

L'Eglise perd de jour en jour son action sur
les âmes ; les prédicateurs se préoccupent surtout de leur avancement personnel, de leur propre réputation :

« L'on fait assaut d'éloquence jusqu'au pied de l'autel
« et en la présence des mystères. Celui qui écoute s'éta-
« blit juge de celui qui prêche, pour condamner ou
« pour applaudir, et n'est pas plus converti par le dis-
« cours qu'il favorise que par celui auquel il est con-
« traire. L'orateur plaît aux uns, déplaît aux autres, et
« convient avec tous en une chose, que, comme il ne
« cherche point à les rendre meilleurs, ils ne pensent
« pas aussi à le devenir.

(1) *Des Biens de fortune.*

« Le discours chrétien est devenu un spectacle. Cette
« tristesse évangélique qui en est l'âme ne s'y remarque
« plus : elle est suppléée par les avantages de la mine,
« par les inflexions de la voix, par la régularité du geste,
« par le choix des mots et par les longues énumérations.
« On n'écoute plus sérieusement la parole sainte : c'est
« une sorte d'émulation entre mille autres ; c'est un jeu
« où il y a de l'émulation et des parieurs (1). »

La direction des consciences aurait pu du moins,
en quelque façon, suppléer à l'enseignement public de l'Eglise. Au chapitre IV de son *Introduc-
tion à la vie dévote*, saint François de Sales avait
proclamé « la nécessité d'avoir un directeur pour
entrer et marcher dans les voies de la dévotion.
C'est ainsi, disait-il, que..... tant de saintes âmes,
pour se tenir mieux dans la dépendance de Dieu,
ont assujetti leur volonté à celles de ses servi-
teurs. » Son conseil avait été suivi, et, au commencement du xvıı^e siècle, la direction produisit
des exemples de conversion touchantes, et donna
l'occasion à quelques hommes d'accomplir des
miracles de zèle et de charité. Mais, trop préoccupés d'intérêts terrestres, certains prêtres ne

(1) *De la Chaire.*

tardèrent pas à fausser cette sainte pratique de la direction.

« Je vois bien, disait La Bruyère, que le goût qu'il y
« a à devenir le dépositaire du secret des familles, à se
« rendre nécessaire pour les réconciliations,... à trouver
« toutes les portes ouvertes dans les maisons des
« grands, à manger souvent à de bonnes tables,... à mé-
« nager pour les autres et pour soi-même tous les inté-
« rêts humains, je vois bien, encore une fois, que cela
« seul a..... semé dans le monde cette pépinière intaris-
« sable de directeurs (1). »

En somme, chaque jour la règle se relâche, et chacun, comme à l'envi, s'empresse à la détruire :

« Moi, dit le chevecier, je suis maître du chœur : qui
« me forcera d'aller à matines ? mon prédécesseur n'y
« allait point, suis-je de pire condition? dois-je laisser
« avilir ma dignité entre mes mains, ou la laisser telle
« que je l'ai reçue? Ce n'est point, dit l'écolâtre, mon
« intérêt qui me mène, mais celui de la prébende : il
« serait bien dur qu'un grand chanoine fût sujet au
« chœur, pendant que le trésorier, l'archidiacre, le pé-
« nitencier et le grand vicaire s'en croient exempts. Je
« suis bien fondé, dit le prévôt, à demander la rétribu-
« tion sans me trouver à l'office : il y a vingt années
« entières que je suis en possession de dormir les nuits;
« je veux finir comme j'ai commencé, et l'on ne me verra

____

(1) *Des Femmes.*

« point déroger à mon titre : que me servirait d'être à
« la tête d'un Chapitre? mon exemple ne tire point à
« conséquence. Enfin c'est entre eux tous à qui ne louera
« point Dieu, à qui fera voir, par un long usage, qu'il
« n'est point obligé de le faire : l'émulation de ne point
« se rendre aux offices divins ne saurait être plus
« vive ni plus ardente. Les cloches sonnent dans une
« nuit tranquille; et leur mélodie, qui réveille les chantres
« et les enfants de chœur, endort les chanoines, les
« plonge dans un sommeil doux et facile, et qui ne leur
« procure que de beaux songes : ils se lèvent tard, et
« vont à l'église se faire payer d'avoir dormi (1). »

La Bruyère a fait quelque part le portrait d'un
prélat modèle :

« Ce prélat se montre peu à la cour ; il n'est de nul
« commerce ;…. il n'est point homme de cabale, et il n'a
« point l'esprit d'intrigue ; toujours dans son évêché, où
« il fait une résidence continuelle, il ne songe qu'à ins-
« truire son peuple par la parole et à l'édifier par son
« exemple ; il consume son bien en des aumônes et son
« corps par la pénitence (2). »

Mais c'est là un modèle que La Bruyère regrette
de ne pas voir plus suivi.

Comment au reste s'étonner de ces défaillances?
On entre maintenant dans l'Eglise, non pour

(1) *De Quelques Usages.*
(2) *Des Jugements.*

assumer le sublime ministère des âmes, mais pour embrasser une carrière honorifique et lucrative. Ce ne sont plus que vocations forcées par des parents intéressés : le cadet d'une famille noble et ruinée est d'Eglise, quoi qu'il en ait. « Un homme dit en son cœur : Je prêcherai, et il prêche ; le voilà en chaire, sans autre talent ni vocation que le besoin d'un bénéfice (1). »

« Il s'en faut peu, dit La Bruyère, que la religion et la justice n'aillent de pair dans la république » (2), indiquant par là quelle haute idée l'on doit se faire de la fonction du magistrat. En fait, la magistrature forme, elle aussi, une classe privilégiée. Mais elle non plus ne justifie pas le rang qu'elle occupe dans la hiérarchie sociale. Les hommes de robe du siècle précédent avaient laissé une glorieuse tradition de science solide et de haute culture. Qu'est-elle devenue ? que pouvait-elle devenir en un temps où s'achètent les charges de judicature ? Quelle capacité attendre d'un magistrat

(1) *De la Chaire.*
(2) *De Quelques Usages.*

qui, pour occuper son office, n'a eu qu'à verser des sacs de mille francs ?

« Il n'y a aucun métier qui n'ait son apprentissage ;
« et en montant des moindres conditions jusques aux
« plus grandes, on remarque dans toutes un temps de
« pratique et d'exercice qui prépare aux emplois, où les
« fautes sont sans conséquence, et mènent au contraire
« à la perfection. La guerre même, qui ne semble naître
« et durer que par la confusion et le désordre, a ses pré-
« ceptes : on ne se massacre pas par pelotons et par
« troupes, en rase campagne, sans l'avoir appris, et l'on
« s'y tue méthodiquement ; il y a l'école de la guerre ; où
« est l'école du magistrat? Il y a un usage, des lois, des
« coutumes : où est le temps, et le temps assez long que
« l'on emploie à les digérer et à s'en instruire? L'essai
« et l'apprentissage d'un jeune adolescent qui passe de
« la férule à la pourpre, et dont la consignation a fait un
« juge, est de décider souverainement des vies et des
« fortunes des hommes (1). »

Si encore ces magistrats improvisés suppléaient aux lumières qui leur manquent par l'application à leurs devoirs, par le sérieux de leur conduite..... Mais non. En payant leur charge, ils croient s'être acquittés de tout ce qu'ils lui doivent. Sans aucun scrupule, ils se livreront à la dissipation et au

(1) *De Quelques Usages.*

plaisir. Bien plus, s'ils n'ont point ces goûts, ils les affecteront, comme par défi :

« Il y a un certain nombre de jeunes magistrats que
« les grands biens et les plaisirs ont associés à quelques-
« uns de ceux qu'on nomme à la cour de *petits-maîtres ;*
« ils les imitent, ils se tiennent fort au-dessus de la
« gravité de la robe, et se croient dispensés par leur âge
« et par leur fortune d'être sages et modérés. Ils pren-
« nent de la cour ce qu'elle a de pire : ils s'approprient
« la vanité, la mollesse, l'intempérance, le libertinage,
« comme si tous ces vices leur étaient dus ; et, affectant
« ainsi un caractère éloigné de celui qu'ils ont à soute-
« nir, ils deviennent enfin, selon leurs souhaits, des
« copies fidèles de très méchants originaux (1). »

Chez des hommes dont la conscience professionnelle est si peu exigeante, l'impartialité peut
paraître, à bon droit, suspecte. La Bruyère n'en
dit rien. Il se contente d'affirmer qu'il « n'est pas
absolument impossible qu'une personne qui se
trouve dans une grande faveur perde son
procès » (2). Cette ironie suffit à nous édifier. Et
l'intégrité ? Le moraliste ne parle point des *épices ;*
c'était affaire à la basse basoche, dont il ne s'occupe pas. Mais il voit bien que les titulaires de

(1) *De la Ville.*
(2) *De Quelques Usages.*

ces charges, payées si cher, veulent rentrer dans leurs fonds ; et il sait que, fussent-ils les plus intègres du monde, ils sont assurés d'y parvenir, grâce aux formalités d'une procédure qui, pour enrichir les juges, ruine les plaideurs.

« Le devoir des juges est de rendre la justice, leur
« métier de la différer ; quelques-uns savent leur devoir
« et font leur métier (1). »

Du moins, en se ruinant, les plaideurs peuvent-ils faire valoir leur droit ?... Le formalisme des gens de justice met-il ses lenteurs au service de l'équité ? Qui l'espérerait serait loin de compte.

« Il est vrai, dit-on, cette somme lui est due, et ce
« droit lui est acquis ; mais je l'attends à cette petite for-
« malité ; s'il l'oublie, il n'y revient plus, et *conséquemment*
« il perd sa somme, ou il est *incontestablement* déchu de
« son droit ; or il oubliera cette formalité. — Voilà ce
« que j'appelle une conscience de praticien (2). »

Ce n'est pas tout ; cette procédure qui dépouille les gens de leur argent, peut aussi, tant elle est captieuse, les perdre dans leur honneur, leur enlever jusqu'à la vie :

(1) *De Quelques Usages.*
(2) *Id.*

« Une condition lamentable est celle d'un homme
« innocent, à qui la précipitation et la procédure ont
« trouvé un crime (1). »

Et, lorsqu'il prononce son jugement définitif
sur cette magistrature, qui est chargée d'assurer
la sécurité des biens et des personnes, La
Bruyère, ce moraliste si modéré, si judicieux,
ne parle pas autrement que les braves gens
tremblant à l'idée d'être accusés d'avoir volé les
tours de Notre-Dame :

« Je dirai presque de moi : Je ne serai pas voleur ou
« meurtrier. — Je ne serai pas un jour puni comme tel,
« — c'est parler bien hardiment (2) ».

De cette revue des classes privilégiées, dont
nous avons réuni les traits épars dans le livre
de La Bruyère — et non pas toujours les plus
vifs — quelle impression peut emporter un
lecteur de notre temps ? Il sent, à ne pas s'y
méprendre, que ceux qui jusqu'à ce jour avaient
été les tuteurs et les guides de la nation se dé-
robent à leur tâche ; il comprend que les plus

(1) *De Quelques Usages.*
(2) *Id.*

hautes institutions du passé sont minées et proches de crouler ; que la monarchie, qui s'isole alors et ne compte que sur elle-même, se trouve comme en l'air, et que, le jour où elle aura besoin de s'appuyer sur ce qui la soutenait jadis, elle éprouvera que ces étais sont ruineux. Les lecteurs du xviie siècle, La Bruyère lui-même, ne virent peut-être pas si loin ; mais il y a au moins dans les *Caractères* une étrange inquiétude qui ne put échapper aux contemporains.

Tandis que ce qui avait été grand dans le passé décline ainsi et s'épuise, une puissance nouvelle, l'argent, semble grandir ; au moins ceux qui ont les plus grosses et les plus récentes fortunes font-ils beaucoup de bruit et tiennent-ils beaucoup de place. Voyez *Dorus* enrichi d'hier.

« *Dorus* passe en litière par la voie *Appienne*, précédé
« de ses affranchis et de ses esclaves, qui détournent le
« peuple et font faire place ; il ne lui manque que des
« licteurs ; il entre à *Rome* avec ce cortège, où il semble
« triompher de la bassesse et de la pauvreté de son père
« *Sanga* (1). »

Et Périandre :

(1) *Des Biens de fortune.*

« Sa demeure est superbe ; un dorique règne dans tous
« ses dehors ; ce n'est pas une porte ; c'est un portique.
« Est-ce la maison d'un particulier? Est-ce un temple?
« le peuple s'y trompe. Il est le seigneur dominant de
« tout le quartier (1). »

Et tous ces personnages gonflés d'écus, de quel
air ils traitent les gens moins fortunés, qui n'ont
que du mérite.

« Quel ton, quel ascendant ne prennent-ils pas sur les
« savants! quelle majesté n'observent-ils pas à l'égard
« de ces hommes *chétifs* que leur mérite n'a ni placés,
« ni enrichis, et qui en sont encore à penser et à écrire
« judicieusement! Il faut l'avouer, le présent est pour les
« riches, et l'avenir pour les vertueux et pour les
« habiles (2). »

La Bruyère voit juste ; si l'argent alors a les
triomphes du jour, ce sont des triomphes d'un
jour ; il ne possède pas encore ce qui fera de lui
une force sociale. On n'a point encore idée de
l'association qui, en groupant les capitaux dans
un but d'utilité générale, assure au bien public
le concours des intérêts particuliers. Dans une
comédie contemporaine, un bourgeois bourgeoi-

(1) *Des Biens de fortune.*
(2) *Id.*

sant dit avec satisfaction : « Mon argent ! il fait des chemins de fer ! il fait des canaux ! » Ce n'est point certes un cri du cœur ; mais il est bien vrai que l'association a ce mérite d'amener l'égoïsme à servir le bonheur ou, du moins, le bien-être commun. Quels que soient ses résultats, je n'admets point qu'elle glorifie l'argent ; mais enfin je reconnais que tout au moins elle l'excuse.

Ajoutons que, dans nos sociétés modernes, si une grande fortune n'est pas, dans tous les cas, il s'en faut de beaucoup, le signe du mérite et la preuve du travail, toujours est-il que cela arrive ; souvent ? c'est sans doute trop dire ; quelquefois ? peut-être ; suffit enfin que cela puisse arriver. Il n'en allait point ainsi au temps de La Bruyère. Un marchand, un artisan, un travailleur, si bien qu'il pût faire, ne parvenait jamais à être très riche ; il atteignait tout au plus l'aisance. M. Jourdain, qui tenait de son père un excellent fonds de commerce, et qui l'avait fait prospérer, n'a pas un grand train de maison : une bonne à tout faire et deux laquais d'occasion. L'industrie et le commerce étaient encore dans l'enfance ; le plus souvent c'était tout juste s'ils nourrissaient leur homme.

Qui donc alors possède ces grandes richesses qui font tant de fracas que La Bruyère leur a consacré un chapitre : *Des Biens de fortune ?* qui ? Ceux qu'il nomme les *manieurs d'argent*, c'est-à-dire ceux qui manipulent les deniers publics, les fermiers, traitants, partisans et leur séquelle. — On sait ce qu'était l'organisation financière de l'ancien régime. L'Etat ne percevait pas directement la plupart des impôts ; moyennant un traité à bail ou à ferme avec des particuliers, qui s'engageaient à lui payer une certaine somme, il leur concédait le droit d'exploiter certains revenus publics, comme la gabelle, les aides, les douanes. — Comme la surveillance et le contrôle présentaient bien des difficultés, ces entrepreneurs sans scrupules demandaient toujours plus, beaucoup plus qu'ils ne devaient verser à l'Etat, et ils s'enrichissaient avec une rapidité et dans des proportions scandaleuses. La concussion devenait une pratique permanente. On se fera une idée de ce qu'était ce pillage, cette volerie effrénée, si l'on se souvient de ce qui put être constaté, lorsque Colbert prit en main l'administration des finances : tels étaient le désordre de la mise en ferme, le discrédit du gouvernement et les exactions des traitants, que la taille, qui, en 1660, était de 57.000.000, rapportait moins au gouvernement qu'en 1620, où elle n'était que de 20.000.000 ; que le revenu était dévoré deux ans à l'avance ; que la dette s'élevait à 450.000.000 livres, et que le trésor, sur 84.000.000 l. d'impôts, n'en recevait que 32. — De loin en loin la clameur publique devenait si forte qu'il fallait bien songer à réprimer ces abus. On instituait alors ce que l'on nommait une *Chambre de Justice,* c'est-à-dire un tribunal spécial, chargé de faire le compte de ces immoralités, et de prendre des mesures de rigueur pour en prévenir le retour. Il avait beau être héroïque, ce remède resta inefficace. Denis Talon, procureur général près de la Chambre de Justice de 1661, parlait ainsi, dans son réquisitoire : « La modération excessive que l'on a pratiquée (vis-à-vis des traitants) n'a servi qu'à irriter l'avarice et l'avidité de ceux qui s'imaginent qu'il en est des fortunes comme des conquêtes, qu'elles acquièrent non seulement de la

sûreté, voire même du relief, de la noblesse et
peut-être de l'innocence, quand elles sont en état
de se pouvoir racheter du péril par la grandeur
et le partage du butin. » Voilà un beau langage ;
Denis Talon fit sans doute aussi quelques
exemples éclatants. Mais, l'orage passé, les traitants retrouvèrent toute leur audace et ne furent
pas moins fripons.

Ecoutez comment parle Vauban, lorsqu'en
1694 il présenta son projet de capitation : « Les
peuples ne seront plus exposés aux mangeries
des traitants, à la taille arbitraire, aux aides, aux
douanes, aux friponneries des gabelles, et à tant
d'autres droits onéreux qui ont donné lieu à des
vexations infinies, lesquelles ont mis une infinité
de gens à l'hôpital et sur le pavé, et en partie
dépeuplé le royaume, le tout pour nourrir des
armées de traitants et de sous-traitants, avec
leurs commis de toute espèce, sangsues d'Etat
dont le nombre serait suffisant pour remplir les
galères ; mais, après mille friponneries punis-
sables, ils marchent la tête levée dans Paris,
parés des dépouilles de leurs concitoyens, avec
autant d'orgueil que s'ils avaient sauvé l'Etat. »

Avant Vauban, La Bruyère avait eu le mérite, à l'heure où ces misérables triomphaient, de dire bien haut qu'ils ne devaient leur fortune ni à leur esprit, ni à leur mérite, ni à leur travail :

« Il faut une sorte d'esprit pour faire fortune, et sur-
« tout une grande fortune ; ce n'est ni le bon ni le bel
« esprit, ni le grand ni le sublime, ni le fort ni le délicat ;
« je ne sais précisément lequel c'est, et j'attends que
« quelqu'un veuille m'en instruire (1). »

« Il y a des stupides, et j'ose dire des imbéciles, qui
« se placent en de beaux postes, et qui savent mourir
« dans l'opulence, sans qu'on les doive soupçonner en
« nulle manière d'y avoir contribué de leur travail ou de
« la moindre industrie ; quelqu'un les a conduits à la
« source d'un fleuve, ou bien le hasard seul les y a fait
« rencontrer ; on leur a dit : Voulez-vous de l'eau ? Pui-
« sez ; et ils ont puisé (2). »

Le hasard en effet donne quelquefois ces grandes richesses ; mais plus souvent, presque toujours, le vol.

« Dans toutes les conditions, le pauvre est bien proche
« de l'homme de bien, et l'opulent n'est guère éloigné
« de la friponnerie. Le savoir-faire et l'habileté ne
« mènent pas jusqu'aux grandes richesses (3). »

(1) *Des Biens de fortune.*
(2) *Id.*
(3) *Id.*

Et, avec une verve flétrissante, le moraliste montrait l'origine impure de tout cet or dont les financiers se chamarrent :

« Si vous entrez dans les cuisines, où l'on voit réduit
« en art et en méthode le secret de flatter votre goût et
« de vous faire manger au delà du nécessaire ; si vous
« examinez en détail tous les apprêts des viandes qui
« doivent composer le festin que l'on vous prépare ; si
« vous regardez par quelles mains elles passent, et toutes
« les formes différentes qu'elles prennent avant de de-
« venir un mets exquis, et d'arriver à cette propreté et
« à cette élégance qui charment vos yeux, vous font
« hésiter sur le choix et prendre le parti d'essayer de
« tout ; si vous voyez tout le repas ailleurs que sur une
« table bien servie, quelles saletés ! Quel dégoût !.........
« De même, n'approfondissez pas la fortune des par-
« tisans (1). »

Peut-être oublierait-on que cette fortune a été mal acquise, si ceux qui la détiennent en faisaient un bon usage ; on pardonnerait à ces corsaires si, leurs prises une fois faites, ils montraient quelque humanité, quelque pitié pour les humbles et les pauvres. Mais la source de ces richesses est si vaseuse, que jamais la vase ne saurait tomber au fond et que nulle vertu ne peut monter à

(1) *Des Biens de fortune.*

6*

la surface. La fortune semble se venger de ceux qui l'ont violemment conquise ; elle les violente à son tour ; elle pèse de tout son poids sur leur âme et ne leur permet pas de changer de mœurs :

« Il y a une dureté de complexion ; il y en a une autre
« de condition et d'état. L'on tire de celle-ci, comme de
« la première, de quoi s'endurcir sur la misère des au-
« tres, dirai-je même, de quoi ne pas plaindre les mal-
« heurs de sa famille : un bon financier ne pleure ni ses
« amis, ni sa femme, ni ses enfants. »

« Il y a des âmes sales, pétries de boue et d'ordure,
« éprises du gain et de l'intérêt, comme les belles âmes
« le sont de la gloire et de la vertu, capables d'une seule
« volupté, qui est celle d'acquérir ou de ne point perdre,
« curieuses et avides du denier-dix, uniquement occu-
« pées de leurs débiteurs, toujours inquiètes sur le
« rabais ou sur le décri des monnaies, enfoncées et
« comme abîmées dans les contrats, les titres et les par-
« chemins. De telles gens ne sont ni parents, ni amis,
« ni citoyens, ni chrétiens, ni peut-être des **hommes;**
« ils ont de l'argent (1). »

Il se peut que quelques-uns de ces hommes arrivent parfois, comme *Sosie,* à forcer la considération ou du moins ce qui en est l'apparence :

« *Sosie,* de la livrée, a passé par une petite recette à

(1) *Des Biens de fortune.*

« une sous-ferme ; et par les concussions, la violence et
« l'abus qu'il a fait de ses pouvoirs, il s'est enfin, sur
« les ruines de plusieurs familles, élevé à quelque grade.
« Devenu noble par une charge, il ne lui manquait que
« d'être homme de bien : une place de marguillier a fait
« ce prodige (1). »

Mais le respect véritable, sans lequel on ne peut exercer une influence sociale, les financiers y prétendraient en vain. On sait que l'argent qu'ils ont gagné est souillé ; on sait qu'il ne sert jamais qu'à leurs fastueux caprices, et non à des œuvres utiles ; on sait encore qu'en général ces fortunes, nées d'hier, doivent périr demain :

« Si l'on partage la vie des P. T. S. (partisans) en
« deux portions égales, la première, vive et agissante,
« est tout occupée à vouloir affliger le peuple ; et la
« seconde, voisine de la mort, à se déceler et à se ruiner
« les uns les autres (2). »

Il faut donc le répéter, l'argent n'est point alors une force sociale ; tout au contraire, c'est un dissolvant. Par la corruption qu'il exerce, il hâte la ruine des anciennes classes ; mais il reste impuissant à remplacer ce qu'il détruit.

(1) *Des Biens de fortune.*
(2) *Id.*

Témoin clairvoyant de la dissolution de la société où il vit, sinon prophète de sa disparition, La Bruyère a-t-il entrevu quelques traits du régime qui devait lui succéder ? On se hasarderait beaucoup en l'affirmant. D'où en effet eût-il pu attendre ou prévoir un renouvellement ?

Sans doute, quelques hommes du Tiers-Etat se sont poussés ou élevés jusqu'aux premières charges ; mais, outre qu'ils font exception, on ne doit pas oublier qu'ils mettent leurs lumières au service, non de la nation, mais de la royauté ; ils n'ont, à coup sûr, aucun avenir dans l'esprit. Quant à la bourgeoisie, grande ou petite, elle est tombée, depuis ses excès de la Fronde, dans une sorte d'atonie. Un bourgeois à cette époque regarde d'un œil d'envie les privilégiés ; n'allez pas croire qu'il songe à détruire leurs privilèges ; ce qu'il veut, c'est y avoir part lui-même. De là cette fureur d'anoblissements, de *réhabilitations*, comme on disait : belle matière pour les railleries de La Bruyère. Au reste, médiocrement instruits, ces bourgeois, dès qu'ils ont atteint l'aisance, se laissent volontiers aller à une vie facile, sans soucis, sans pensées ; presque tous vivent dans les villes, et la badauderie suffit à défrayer leurs besoins d'activité :

« Narcisse se lève le matin pour se coucher le soir; il
« a ses heures de toilette comme une femme ; il va tous
« les jours fort régulièrement à la belle messe aux Feuil-
« lants ou aux Minimes : il est homme d'un bon com-
« merce, et l'on compte sur lui au quartier de *** pour
« un tiers ou pour un cinquième à l'ombre ou au reversi;
« là il tient le fauteuil quatre heures de suite chez
« Aricie, où il risque chaque soir cinq pistoles d'or. Il
« lit exactement la *Gazette de Hollande* et le *Mercure*
« *galant* : il a lu Bergerac, Desmarets, Lesclache, les
« historiettes de Barbin et quelques recueils de poésies.
« Il se promène avec des femmes à la Plaine ou au
« Cours, et il est d'une ponctualité religieuse sur les
« visites. Il fera demain ce qu'il fait aujourd'hui et ce
« qu'il fit hier; il meurt ainsi après avoir vécu (1). »

Reste le peuple. — Qu'est le peuple à cette heure ? où est-il ? à quelle prodigieuse distance de ceux qui gouvernent, de ceux qui pensent, de ceux qui vivent ! — Dans les campagnes, « l'on voit certains animaux farouches, des mâles et des femelles : répandus par la campagne, noirs, livides, et tout brûlés du soleil, attachés à la terre qu'ils fouillent et qu'ils remuent avec une opiniâ-

(1) *De la Ville.*

treté invincible. » Dans les villes, « il y a des créatures de Dieu, qu'on appelle des hommes, qui ont une âme qui est esprit, dont toute la vie est occupée, et toute l'attention est réunie à scier du marbre (1). » Courbé ainsi sous le poids du travail. « le peuple n'a point d'esprit ». Asservi au labeur quotidien, toute servitude, près de celle-là, lui paraît supportable et même légère.

« Les grands se plaisent dans l'excès, et les petits ai-
« ment la modération; ceux-là ont le goût de dominer
« et de commander, et ceux-ci sentent du plaisir et
« même de la vanité à les servir et à leur obéir : les
« grands sont entourés, salués, respectés ; les petits en-
« tourent, saluent, se prosternent, et tous sont con-
« tents (2). »

Quelle apparence que cette masse inerte puisse recéler l'avenir ? — Et cependant, tandis que, « sous l'écorce de la politesse », les hautes classes cachent « une sève maligne et corrompue », le peuple, lui, « a un bon fond ». — La Bruyère n'a point dit, mais peut-être a-t-il pensé que le peuple serait l'instrument du progrès qu'il croyait possible :

(1) *Des Jugements.*
(2) *Des Grands.*

« Si le monde dure seulement cent millions d'années,
« il est encore dans toute sa fraîcheur, et ne fait presque
« que commencer ; nous-mêmes nous touchons aux pre-
« miers hommes et aux patriarches ; et qui pourra ne
« pas nous confondre avec eux dans des siècles si recu-
« lés ? Mais si l'on juge par le passé de l'avenir, quelles
« choses nouvelles nous sont inconnues dans les arts,
« dans les sciences, dans la nature, et j'ose dire dans
« l'histoire ! quelles découvertes ne fera-t-on point !
« quelles différentes révolutions ne doivent pas arriver
« sur la surface de la terre, dans les Etats et dans les
« empires ! Quelle ignorance est la nôtre et quelle légère
« expérience que celle de six ou sept mille ans (1) ! »

Ainsi, tandis que les puissants du jour sont
pleins d'une sécurité aveugle et se persuadent
que l'ordre social établi est immuable et indes-
tructible, La Bruyère a vu tout ce que cet imposant édifice avait de ruineux. Mais quand il pres-
sent la destruction de l'ancien régime, elle ne lui
apparaît point comme un cataclysme définitif.
En vain d'un regard perçant discerne-t-il les faiblesses de l'humanité ; il pense qu'elle est capable de se transformer et de s'améliorer. Certes
nous ne voulons point dire qu'il ait conçu et
formulé la loi du progrès ; mais le progrès fut

(1) *Des Jugements.*

pour lui une espérance. Si l'on songe au temps
où il vécut, cela ne suffit-il pas à prouver que
son esprit eut autant de largeur et de générosité
que de pénétration ?

CHAPITRE III.

L'OBSERVATEUR ET LE SATIRIQUE.

En philosophie, en morale, La Bruyère, on l'a
vu, n'a point une doctrine qui lui appartienne
en propre ; il s'est contenté de faire siennes les
idées des plus nobles spiritualistes par la méditation, par l'étude, par la conviction avec laquelle
il les embrasse, par le beau et ferme langage dont
il les revêt. — Aux questions sociales et politiques
il touche avec réserve ; il ne songe pas à les creu-
ser, mais, comme il dit, les « entame » seulement. Aussi, son chapitre des *Esprits forts* a beau
être éloquent et ému, ses remarques sur l'ancien
régime ont beau nous paraître neuves et hardies,
ce n'est point là qu'il faut chercher sa supériorité.
S'il a une place dans le groupe de nos grands
écrivains classiques, il la doit à d'autres mérites,
à ses excellentes qualités d'observateur. C'est
par l'observation qu'il est supérieur : observation
curieuse, diligente, attentive, mesurée, et que

soutient et relève une constante préoccupation d'utilité morale. Sans doute, on ne saurait dire qu'il ait été, de son temps, l'unique observateur; mais on peut affirmer qu'il fut vraiment un obser- vateur unique.

Il eut lui-même une conscience très claire de ce qui faisait la nouveauté de son œuvre. Avant lui, un très grand esprit, Pascal, et un très bel esprit, La Rochefoucauld, avaient écrit sur les mœurs. Dans son *Discours sur Théophraste*, La Bruyère caractérise les ouvrages de ses deux illustres devanciers :

« L'un (dit-il en parlant des *Pensées* de Pascal), par
« l'engagement de son auteur, fait servir la métaphy-
« sique à la religion, fait connaître l'âme, ses passions,
« ses vices; traite les grands et les sérieux motifs pour
« conduire à la vertu et veut rendre l'homme chrétien.
« L'autre (les *Maximes* de La Rochefoucauld), qui est la
« production d'un esprit instruit par le commerce du
« monde, et dont la délicatesse était égale à la pénétra-
« tion, observant que l'amour-propre est dans l'homme
« la cause de tous ses faibles, l'attaque sans relâche
« quelque part où il le trouve; et cette unique pensée,
« comme multipliée en mille manières différentes, a
« toujours, par le choix des mots et par la variété de
« l'expression, la grâce de la nouveauté (1). »

(1) *Discours sur Théophraste.*

Et, craignant que quelques-uns, « faute d'attention ou par un esprit de critique », n'aillent croire
qu'il a imité ces maîtres, La Bruyère nous dit
aussitôt ce qu'il a voulu faire :

« L'on ne suit aucune de ces routes dans l'ouvrage
« qui est joint à la traduction des *Caractères* (de Théo-
« phraste) : il est tout différent des deux autres que je
« viens de toucher ; moins sublime que le premier et
« moins délicat que le second, il ne tend qu'à rendre
« l'homme raisonnable, mais par des voies simples et
« communes, et en l'examinant indifféremment, sans
« beaucoup de méthode, et selon que les divers cha-
« pitres y conduisent, par les âges, les sexes et les con-
« ditions, et par les vices, les faibles et le ridicule qui y
« sont attachés (1). »

Rendre les hommes raisonnables, voilà le but ;
les examiner et les peindre, voilà le moyen. Certes, Pascal et La Rochefoucauld, eux aussi,
avaient examiné les hommes ; mais ils n'ont considéré les observations particulières auxquelles
ils s'étaient livrés que comme une préparation
nécessaire aux généralisations où ils voulaient
atteindre ; et de cette préparation ils ne voulurent
rien laisser paraître. La Bruyère, au contraire,

(1) *Discours sur Théophraste.*

pensa que le temps des généralisations était passé;
il ne crut ni utile, ni possible de refaire, après les
grands moralistes qui l'avaient précédé, l'analyse
de l'âme humaine abstraite et universelle; au
lieu de s'appliquer à montrer en quoi tous les
hommes se ressemblent, il s'efforça de saisir tout
ce par quoi ils diffèrent ; au lieu de rejeter dans
l'ombre ses remarques particulières, il ne négli-
gea rien pour mettre chacune d'elles dans son
meilleur jour. Persuadé qu'en morale l'observation, lorsqu'elle est rendue avec exactitude et
finesse, peut avoir au moins autant d'efficacité
que les théories, il jugea en outre qu'elle présentait plus d'attrait ; le succès de son livre prouva
qu'il ne s'était pas trompé.

Pour réussir dans le dessein qu'il avait formé,
il se trouvait d'ailleurs — et il le savait bien —
dans les conditions les plus favorables. A cette
époque, peu d'hommes furent mieux placés que
lui pour voir le spectacle de la comédie humaine
et pour le regarder à loisir. Molière, qui avait
embrassé tout le champ de l'observation, mourut
avant d'avoir rempli son programme ; et il faut
songer en outre que, même si le temps ne lui eût

pas manqué, il eût été gêné par les réserves imposées à l'art dramatique et par les limites mêmes
de cet art. Quelques écrivains avaient montré
dans leurs peintures de remarquables qualités de
précision et de justesse ; mais ils s'étaient bornés
à étudier un milieu spécial et restreint. Furetière,
par exemple, dans son *Roman Bourgeois*, nous fait
connaître avec une vivacité plaisante les allures, les
habitudes, les prétentions bourgeoises, le langage
familier des bourgeois, l'aspect de leurs réunions,
l'intérieur de leurs demeures, les mœurs de leurs
ménages ; mais ne lui demandez point de quitter les
environs de la place Maubert et du Palais de justice:
au delà ce ne sont plus pour lui, comme disaient
les anciens géographes, que terres inconnues.

La Bruyère au contraire put pousser des re-
connaissances dans toutes les directions. Sans
doute, nous savons peu de chose de sa vie ; ce
que nous en savons suffit pourtant à nous montrer qu'il approcha d'assez près toutes les classes
de la société pour les pouvoir connaître. Elevé
dans une famille bourgeoise qui, à défaut de fortune, avait de l'ancienneté, de la considération
et presque de la célébrité ; reçu avocat, ayant

peut-être plaidé, allié à la famille du président de Novion dont son frère avait épousé une fille naturelle ; neveu d'un homme de finance, d'un secrétaire du roi, lui-même trésorier de France, ami du surintendant Phelippeaux, tout ce qui composait ce qu'on nommait alors *la ville*, commerçants, rentiers, avocats, magistrats, manieurs d'argent, était à portée de ses regards. Le clergé d'ordinaire tient les profanes à distance et, avec lui, les curieux ont malaisément leur compte ; mais, outre que La Bruyère avait un frère clerc du diocèse de Paris et une sœur pensionnaire au couvent des Bénédictines, à Conflans, n'était-il pas admis dans l'intimité du grand évêque qui, alors, personnifiait glorieusement l'Eglise de France ? Ne le voyait-on pas aux côtés de Bossuet, à Chantilly, dans cette *allée des philosophes*, qui entendit tant de discussions ou de controverses éloquentes ? Et, lorsque Bossuet allait prendre quelque repos dans sa maison de campagne de Germigny, n'y trouvait-on pas La Bruyère avec l'abbé Fleury et Fénelon ? Dans le monde des lettres, il rencontrait bon accueil près de Boileau et de Racine ; à vrai dire, leur commerce eût pu

ne point profiter à ses études ; car il arrive que
les hommes de génie ne portent pas les marques
du métier ; mais il connut aussi des lettrés plus
humbles, de simples gens de lettres, comme
Ménage, Santeul, Pellisson, la Loubère ; il connut trop, à son gré, les Benserade et les Fontenelle. — Domestique des Condé, il eut sous les
yeux tout le jeu et le manège des grands et des
hommes de cour. — Vécut-il à la campagne,
parmi les paysans ? On ne sait ; mais tout engage à le croire. A la façon dont il décrit leur misère, on sent qu'il en fut témoin ; on sent qu'il
aime la campagne et qu'il n'en parle pas par ouï
dire, à la façon dont il se moque de ces citadins
niais qui croient que tout finit aux portes de
leur ville :

« On s'élève à la ville dans une indifférence grossière
« des choses rurales et champêtres ; on distingue à peine
« la plante qui porte le chanvre d'avec celle qui produit
« le lin, et le blé froment d'avec les seigles, et l'un et
« l'autre d'avec le méteil : on se contente de se nourrir et
« de s'habiller. Ne parlez à un grand nombre de bourgeois,
« ni de guérets, ni de baliveaux, ni de provins, ni de
« regains, si vous voulez être entendu ; ces termes pour
« eux ne sont pas français....... ils ignorent la nature,
« ses commencements, ses progrès, ses dons et ses lar-

« gesses. Leur ignorance souvent est volontaire, et fon-
« dée sur l'estime qu'ils ont pour leur profession et pour
« leurs talents. Il n'y a si vil praticien qui, au fond de
« son étude sombre et enfumée, et l'esprit occupé d'une
« plus noire chicane, ne se préfère au laboureur qui
« jouit du ciel, qui cultive la terre, qui sème à propos,
« et qui fait de riches moissons....... (1). »

Placé à souhait pour bien voir tant d'objets
divers, rien n'en vint distraire son attention.
Point de métier absorbant ; point de grosse fortune à administrer ; point de souci de l'argent à
gagner pour vivre ; point de famille à élever ;
point de passion impérieuse et exigeante. Sauf
pendant les deux laborieuses années où il fut précepteur du duc de Bourbon, La Bruyère a joui
pleinement de « l'oisiveté du sage ». Célibataire,
avec des goûts modestes, le lendemain ne l'in-
quiéta jamais ; et, s'il est vrai, comme le font
croire certains passages du chapitre du *Cœur* et
le charmant portrait d'Arthénice, qu'il ne s'est
pas toujours défendu contre l'amour, au moins
semble-t-il qu'il en ait été plus ému que troublé.
Grâce à cette indépendance des besoins et des
intérêts vulgaires, qui lui permit de se mêler à

(1) *De la Ville.*

tout sans être obligé de se mêler de rien ou de s'engager vis-à-vis de personne, l'observation put être la grande affaire, l'unique occupation de sa vie ; et il jugea qu'elle pouvait lui suffire. Rien ne lui paraît plus ridicule que l'opinion de certaines gens, qui s'imaginent qu'il perd son temps :

« A quoi vous divertissez-vous ? à quoi passez-vous le
« temps ? vous demandent les sots et les gens d'esprit.
« Si je réplique que c'est à ouvrir les yeux et à voir,
« à prêter l'oreille et à entendre..., ce n'est rien
« dire (1). »

Il sait bien, lui, qu'il y a beaucoup à voir, beaucoup à écouter, beaucoup à apprendre ; et il ne veut rien négliger.

« L'étude de la sagesse a moins d'étendue que celle
« que l'on ferait des sots et des impertinents. Celui qui
« n'a vu que des hommes polis et raisonnables, ou ne
« connaît pas l'homme, ou ne le connaît qu'à demi.......
« Celui, au contraire, qui se jette dans le peuple ou dans
« la province, y fait bientôt, s'il a des yeux, d'étranges
« découvertes, y voit des choses qui lui sont nouvelles,
« dont il ne se doutait pas, dont il ne pouvait avoir le
« moindre soupçon ; il avance, par des expériences con-
« tinuelles, dans la connaissance de l'humanité (2). »

(1) *Des Jugements.*
(2) *De l'Homme.*
LA BRUYÈRE.   7

Par l'étendue qu'il donna à ses études morales, par la singulière liberté d'esprit qu'il y apporta, La Bruyère mérite vraiment qu'on lui applique ce que Sainte-Beuve, avec un peu trop de complaisance peut-être, a dit de M. Joubert : « Il fut en son temps le type le plus délicat et le plus original de cette classe d'honnêtes gens, comme l'ancienne société seule en produisait, spectateurs, écouteurs, sans ambition, sans envie, curieux, vacants, attentifs, désintéressés et prenant intérêt à tout. »

Oui, il prenait intérêt à tout ; et, avant que la réputation ne fût venue, c'était comme une première récompense de son travail ; car, autant qu'une occupation, l'observation fut pour lui un plaisir. Il était curieux avec délices, d'une curiosité toujours en éveil et d'une espèce assez rare à cette époque, parce qu'elle n'était point dédaigneuse et ne se souciait pas uniquement d'envisager les objets par leurs aspects les plus nobles et la vie humaine par ses côtés les plus généraux. Il a peint, dans son chapitre de la *Ville*, un badaud parisien :

« C'est, dit-il, son visage que l'on voit aux almanachs

« représenter le peuple ou l'assistance... *Chanlhey* sait
« les marches, *Jacquier* les vivres, *du Metz* l'artillerie ;
« celui-ci voit, il a vieilli sous le harnais en voyant, il est
« spectateur de profession ; il ne fait rien de ce qu'un
« homme doit faire, il ne sait rien de ce qu'il doit savoir ;
« mais il a vu tout ce qu'on peut voir, et il n'aura point
« regret de mourir. »

La raillerie est piquante ; elle ne va sans quelque sympathie ; et La Bruyère eût loué volontiers notre homme, s'il ne se fût pas contenté de voir, et eût songé à regarder. Lui-même n'avait-il pas les allures d'un badaud ? Ses ennemis ne manquaient pas de le remarquer pour lui en faire un reproche, et Vigneul-Marville écrivait avec une mine effarouchée : « Il faut avouer que M. de La Bruyère a été longtemps à étudier, sur les bancs du Luxembourg et des Tuileries, la cour et la ville. » Mais ces traits, qui auraient voulu être malicieux, ne le troublaient pas. Rien de commun entre lui et cet *Arsène.*

« Qui, du plus haut de son esprit, contemple les
« hommes, et, dans l'éloignement d'où il les voit, est
« comme effrayé de leur petitesse (1). »

La Bruyère ne se guinde pas si haut ; il aime

(1) *Des Ouvrages de l'esprit.*

mieux se mettre à portée de ses modèles ; loin
que le détail des mœurs lui échappe pour avoir pris
un point de vue trop élevé, il se complaît au contraire à les considérer de fort près et par le menu.
Et le plaisir qu'il y goûte, il compte le faire partager à ceux qui le liront ; nous aimons fort, remar-
que-t-il, à voir, dans les histoires et dans les relations des voyageurs, des tableaux des coutumes
des anciens et des peuples étrangers :

« Ils (ces ouvrages) racontent une religion, une police,
« une manière de se nourrir, de s'habiller, de bâtir et de
« faire la guerre, qu'on ne savait point, des mœurs que
« l'on ignorait : celles qui approchent des nôtres nous
« touchent, celles qui s'en éloignent nous étonnent ;
« mais toutes nous amusent, moins rebutés par la bar-
« barie des manières et des coutumes de peuples si éloi-
« gnés qu'instruits et même réjouis par leur nou-
« veauté (1). »

Pourquoi ne prendrions-nous pas un égal plaisir ou tout au moins un plaisir du même genre à
la peinture des usages de notre temps et de notre
pays ? Ils ne nous seraient peut-être guère moins
nouveaux ; car le plus souvent nous les suivons

(1) *Discours sur Théophraste.*

sans y prendre garde et ressemblons à ce naïf
que les maisons empêchaient de voir la ville.

La Bruyère jette donc des regards amusés sur
tout ce qui l'entoure ; et, contre l'habitude de ce
temps, il ne considère pas seulement les acteurs,
mais aussi le décor où ils s'agitent. On trouve
chez lui deux ou trois descriptions de localités ou
d'intérieurs ; et c'est quelque chose de très nouveau dans la haute littérature de ce temps. Voyez
d'abord ce croquis d'une petite ville aperçue dans
quelque voyage : n'est-il pas d'un trait net et lui-
sant et d'un relief inoubliable ?

« J'approche d'une petite ville, et je suis déjà sur une
« hauteur d'où je la découvre. Elle est située à mi-côte ;
« une rivière baigne ses murs, et coule ensuite dans une
« belle prairie. Elle a une forêt épaisse qui la couvre
« des vents froids et de l'aquilon. Je la vois dans un
« jour si favorable que je compte ses tours et ses clo-
« chers. Elle me paraît peinte sur le penchant de la col-
« line (1). »

Et cette description du parc de Chantilly :

« Voyez, *Lucile*, ce morceau de terre plus propre et
« plus orné que les autres terres qui lui sont contiguës :

(1) *De la Société et de la Conversation.*

« ici, ce sont des compartiments mêlés d'eaux plates et
« d'eaux jaillissantes ; là, des allées en palissade qui
« n'ont pas de fin et qui vous couvrent des vents du nord ;
« d'un côté, c'est un bois épais qui défend de tous les
« soleils, et d'un autre un beau point de vue ; plus bas,
« une Yvette ou un Lignon, qui coulait obscurément
« entre les saules et les peupliers, est devenu un canal
« qui est revêtu ; ailleurs de longues et fraîches ave-
« nues se perdent dans la campagne et annoncent la
« maison qui est entourée d'eau (1). »

Je sais bien qu'on a vite fait le compte de passages de ce genre : aussi faut-il dire que des descriptions fréquentes seraient déplacées dans un
ouvrage sur les mœurs. Mais, à côté de ces morceaux, une foule de traits épars prouvent que La
Bruyère voyait l'homme dans son cadre. N'est-ce
pas lui d'ailleurs qui a dit : « Il me semble que l'on
dépend des lieux pour l'esprit, l'humeur, la passion, le goût et les sentiments » (2) ?

Sa curiosité ne s'en tient pas au spectacle de la
rue et ne s'arrête pas au seuil des portes : elle
pénètre dans l'intérieur des ménages. Nous voici
dans une maison de bons bourgeois du commencement du XVIIe siècle :

(1) *Des Esprits forts.*
(2) *Du Cœur.*

« On ne les voyait point s'éclairer avec des bougies,
« et se chauffer à un petit feu ; la cire était pour l'autel
« et pour le Louvre. Ils ne sortaient point d'un mauvais
« dîner pour monter dans leur carrosse : ils se persua-
« daient que l'homme avait des jambes pour marcher,
« et ils marchaient...... L'étain dans ce temps brillait
« sur les tables et sur les buffets, comme le fer et le
« cuivre dans les foyers ; l'argent et l'or étaient dans les
« coffres. Les femmes se faisaient servir par des femmes ;
« on mettait celles-ci jusqu'à la cuisine. Les beaux noms
« de gouverneurs et de gouvernantes n'étaient pas in-
« connus à nos pères ; ils savaient à qui l'on confiait les
« enfants des rois et des plus grands princes ; mais ils
« partageaient le service de leurs domestiques avec leurs
« enfants, contents de veiller eux-mêmes à leur éduca-
« tion (1). »

Dans ses promenades, La Bruyère se retourne,
s'il croise un beau carrosse avec « plusieurs rangs
de clous parfaitement dorés... », avec « de dou-
bles soupentes et des ressorts qui le font rouler
plus mollement », et, quand il rencontre un prélat en grand costume, il s'arrête et ne peut se
tenir de nous le peindre :

« Un homme à la cour, et souvent à la ville, qui a un
« long manteau de soie ou de drap de Hollande, une
« ceinture large et placée haut sur l'estomac, le soulier

(1) *De la Ville.*

« de maroquin, la culotte de même, d'un beau grain, un
« collet bien fait et bien empesé, les cheveux arrangés et
« le teint vermeil (1)... »

N'est-ce pas un modèle tout prêt pour Hyacin-
the Rigaud ?

Il notait aussi avec vivacité et fidélité les caprices et même les bizarreries de la mode. On
lit dans son livre cette réflexion :

« Nos pères nous ont transmis avec la connaissance
« de leurs personnes celles de leurs habits, de leurs coif-
« fures, de leurs armes et des autres ornements qu'ils
« ont aimés pendant leur vie : nous ne saurions bien re-
« connaître cette sorte de bienfait qu'en traitant de
« même nos descendants (2). »

Il se peut qu'il ait eu ce souci des curiosités
de l'avenir, quand il remarquait les modes de
son temps ; mais surtout, je crois, ces tableaux
mobiles plaisaient à son goût de spectateur
toujours en éveil par leur mobilité même. Il est
certain en tout cas qu'il met bien de la complaisance à nous peindre les particularités du
costume, des habitudes, du langage de ses con-

(1) *Du Mérite personnel.*
(2) *De la Mode.*

temporains. C'est ainsi qu'il nous représente les belles dames d'alors, qui, avec leurs hauts talons leurs immenses cornettes, « semblaient avoir la et tête au milieu du corps ».

« Il faut juger des femmes depuis la chaussure jus-
« qu'à la coiffure exclusivement, à peu près comme on
« mesure le poisson entre queue et tête (1). »

Les artifices de leur toilette n'ont pas de secrets pour lui et il n'hésite pas à les dévoiler ; il sait qu'elles se mettent de « la céruse sur le visage… avec de fausses dents en la bouche et des boules de cire dans les mâchoires. » Les engouements du bel air ont beau n'être qu'éphémères ; il ne les laisse pas échapper. Nous assistons avec lui aux promenades ennuyées de ces mondains qui se rendent au Cours ou aux Tuileries, non pour s'y distraire, mais parce qu'il est convenu qu'on y doit figurer :

« L'on se donne à Paris, sans se parler, comme un
« rendez-vous public, mais fort exact, tous les soirs au
« Cours ou aux Tuileries, pour se regarder au visage et
« se désapprouver les uns les autres (2). »

(1) *Des Femmes.*
(2) *De la Ville.*

Ce qui ne l'amuse pas moins, ce sont les rapides apparitions de ces mots *aventuriers*, comme il dit, aujourd'hui fort en vogue, dépréciés demain, et qu'il se garde bien de laisser disparaître avant de les avoir saisis et fixés au passage. Dans sa prose, pour la première fois, figure le mot *strapontin* ; c'est par lui que nous savons que les boutiquiers du temps, honteux de leur boutique, l'appellent avec pompe un *magasin*. Chez lui nous voyons paraître ces hommes dont les femmes font leur *coqueluche*, et ces buveurs émérites qui *soufflent et jettent en sable*. Les gens gourmés trouvaient même que La Bruyère ne s'interdisait pas assez ces singularités ; et Monchesnay, un ami de Boileau, prétend, à notre étonnement, que le vieux poète relevait jusque dans la harangue académique de La Bruyère des termes qui, à son gré, étaient moins dignes de l'éloquence de Démosthène que du jargon du Pont-Neuf.

Assurément ni Pascal, ni La Rochefoucauld, n'auraient jamais songé à donner un moment d'attention aux gens à manies. Dans les *Caractères*, au chapitre de la *Mode*, nous avons une longue

galerie de ces originaux ; et manifestement La
Bruyère s'est fort diverti à étudier les modèles de
ces tableaux de genre ; car il les a peints d'une
couleur vive et comme égayée. Arrêtons-nous
devant quelques-unes de ces figures :

« Tel autre fait la satire de ces gens qui s'engagent
« par inquiétude ou par curiosité dans de longs voyages,
« qui ne font ni mémoires, ni relations, qui ne portent
« point de tablettes, qui vont pour voir, et qui ne voient
« pas, ou qui oublient ce qu'ils ont vu ; qui désirent
« seulement de connaître de nouvelles tours ou de nou-
« veaux clochers, et de passer des rivières qu'on n'ap-
« pelle ni la Seine, ni la Loire; qui sortent de leur
« patrie pour y retourner, qui aiment à être absents, qui
« veulent, un jour, être revenus de loin. Et ce satirique
« parle juste, et se fait écouter.

« Mais, quand il ajoute que les livres en apprennent
« plus que les voyages, et qu'il m'a fait comprendre par
« ses discours qu'il a une bibliothèque, je souhaite de la
« voir ; je vais trouver cet homme, qui me reçoit dans
« une maison où, dès l'escalier, je tombe en faiblesse
« d'une odeur de maroquin noir dont ses livres sont tous
« couverts. Il a beau me crier aux oreilles, pour me
« ranimer, qu'ils sont dorés sur tranche, ornés de filets
« d'or et de la bonne édition, me nommer les meilleurs,
« l'un après l'autre, dire que sa galerie est remplie, à
« quelques endroits près, qui sont peints de manière
« qu'on les prend pour de vrais livres arrangés sur des
« tablettes, et que l'œil s'y trompe; ajouter qu'il ne lit
« jamais, qu'il ne met pas le pied dans cette galerie, qu'il

« y viendra pour me faire plaisir ; je le remercie de sa
« complaisance, et ne veux non plus que lui visiter sa
« tannerie, qu'il appelle bibliothèque.

« *Diphile* commence par un oiseau et finit par mille ;
« sa maison n'en est pas égayée, mais empestée ; la cour,
« la salle, l'escalier, le vestibule, les chambres, le cabinet,
« tout est volière ; ce n'est plus un ramage, c'est un va-
« carme ; les vents d'automne et les eaux dans leurs plus
« grandes crues ne font pas un bruit si perçant et si aigu ;
« on ne s'entend non plus parler les uns les autres que
« dans ces chambres où il faut attendre, pour faire le
« compliment d'entrée, que les petits chiens aient aboyé.
« Ce n'est plus pour Diphile un agréable amusement,
« c'est une affaire laborieuse et à laquelle, à peine, il peut
« suffire. Il passe les jours, ces jours qui échappent et
« qui ne reviennent plus, à verser du grain et à nettoyer
« des ordures ; il donne pension à un homme qui n'a point
« d'autre ministère que de siffler des serins au flageolet et
« de faire couver des *canaries*. Il est vrai que ce qu'il dé-
« pense d'un côté, il l'épargne de l'autre, car ses enfants
« sont sans maîtres et sans éducation. Il se renferme le
« soir, fatigué de son propre plaisir, sans pouvoir jouir du
« moindre repos que ses oiseaux ne reposent, et que ce
« petit peuple, qu'il n'aime que parce qu'il chante, ne
« cesse de chanter. Il retrouve ses oiseaux dans son som-
« meil ; lui-même il est oiseau, il est huppé, il gazouille,
« il perche, il rêve la nuit qu'il mue ou qu'il couve.

« Le fleuriste a un jardin dans un faubourg ; il y court
« au lever du soleil, et il en revient à son coucher. Vous
« le voyez planté et qui a pris racine au milieu de ses tu-
« lipes et devant la *Solitaire* : il ouvre de grands yeux,
« il frotte ses mains, il se baisse, il la voit de plus près,

« il ne l'a jamais vue si belle, il a le cœur épanoui de
« joie ; il la quitte pour l'*Orientale ;* de là il va à la *Veuve ;*
« il passe au *Drap d'or ;* de celle-ci à l'*Agathe ;* d'où il
« revient enfin à la *Solitaire,* où il se fixe, où il se lasse,
« où il s'assied, où il oublie de dîner : aussi est-elle
« nuancée, bordée, huilée, à pièces emportées ; elle a un
« beau vase ou un beau calice ; il la contemple, il l'ad-
« mire ; Dieu et la nature sont en tout cela ce qu'il n'ad-
« mire point : il ne va pas plus loin que l'oignon de sa
« tulipe, qu'il ne livrerait pas pour mille écus, et qu'il
« donnera pour rien, quand les tulipes seront négligées
« et que les œillets auront prévalu. Cet homme raison-
« nable qui a une âme, qui a un culte et une religion,
« revient chez soi fatigué, affamé, mais fort content de
« sa journée : il a vu des tulipes (1). »

D'esprit trop sérieux et de goût trop fin pour
happer tous les bruits au passage, comme fait
un nouvelliste, le fait-divers ne paraît pourtant
pas négligeable à cet observateur passionnément
curieux. Quoi de plus insupportable que les ba-
vards ? N'importe : il ne leur ferme pas l'oreille :

« Il faut, dit-il, laisser parler cet inconnu que le
« hasard a placé auprès de vous dans une voiture
« publique, à une fête, ou à un spectacle ; et il ne vous
« coûtera bientôt, pour le connaître, que de l'avoir
« écouté : vous saurez son nom, sa demeure, son pays,

(1) *De la Mode.*

« l'état de son bien, son emploi, celui de son père, la
« famille dont est sa mère, sa parenté, ses alliances,
« les armes de sa maison ; vous comprendrez qu'il est
« noble, qu'il a un château, de beaux meubles, des
« valets et un carrosse (1). »

Voilà bien du verbiage ; mais que sait-on ? il y a
parfois dans ce verbiage des traits à retenir, un fait,
une anecdote caractéristique. L'histoire d'*Emire*
n'est-elle point un fait-divers ? et La Bruyère ne
nous dit-il pas que son caractère de *Ménalque* est
surtout un « recueil de faits de distractions » ?
N'avait-il pas appris par le monde que M. Robert
de Châtillon, fils d'un procureur du roi au Châte-
let de Paris, avait eu la mésaventure qu'il prête à
son *Arrias* et qu'il conte si plaisamment ?

« Arrias a tout lu, a tout vu ; il veut le persuader ainsi :
« c'est un homme universel, et il se donne pour tel ; il
« aime mieux mentir que de se taire ou de paraître igno-
« rer quelque chose. On parle à la table d'un grand, d'une
« cour du Nord ; il prend la parole, et l'ôte à ceux qui
« allaient dire ce qu'ils en savent ; il s'oriente dans cette
« région lointaine comme s'il en était originaire ; il dis-
« court des mœurs de cette cour, des femmes du pays,
« de ses lois et de ses coutumes ; il récite des histo-
« riettes qui y sont arrivées ; il les trouve plaisantes, et

(1) *De la Société et de la Conversation.*

« il en rit le premier jusqu'à éclater. Quelqu'un se ha-
« sarde de le contredire, et lui prouve nettement qu'il
« dit des choses qui ne sont pas vraies ; Arrias ne se
« trouble point, prend feu au contraire contre l'inter-
« rupteur. « Je n'avance, lui dit-il, je ne raconte rien
« que je ne sache d'original ; je l'ai appris de *Sethon,*
« ambassadeur de France dans cette cour, revenu à Pa-
« ris depuis quelques jours, que je connais familière-
« ment, que j'ai fort interrogé et qui ne m'a caché au-
« cune circonstance. » Il reprenait le fil de sa narration
« avec plus de confiance qu'il ne l'avait commencée,
« lorsque l'un des conviés lui dit : « C'est Sethon à qui
« vous parlez, lui-même, et qui arrive de son ambas-
« sade (1). »

Et ce n'est pas le seul conte de ce genre qu'on
puisse relever dans les *Caractères* ; on sent bien
que La Bruyère devait avoir son recueil d'anecdo-
tes ; fort éloigné de penser comme ces spéculatifs
hautains qui disent : « Il n'y a rien de bête comme
un fait. » Peu de gens, à vrai dire, savent comme
lui la manière de s'en servir.

Cette curiosité, si animée et si ouverte, ce don
de s'intéresser à tout, rien de plus précieux sans
doute pour un observateur ; mais elle a ses
dangers et doit être surveillée. Elle va vite aux

(1) *De la Société et de la Conversation.*

excès, si on ne la tient en bride, et peut ne plus
connaître ni choix, ni mesure. On a vu de nos
jours où elle mène ceux qui renoncent à la con-
tenir et à la diriger ; nous savons comment ils se
persuadent qu'il n'est rien qu'on ne doive observer
et décrire, comment, par une pente rapide, ils
en viennent à s'attacher de préférence à ce qui
est le plus insipide ou même le plus répugnant. La
Bruyère fut préservé de cette erreur par sa haute
culture classique et son goût très délicat. Sans
doute il y a dans son livre quelques peintures un peu
crues ; il en est même qu'il eût peut-être pu sup-
primer sans dommage ; pour notre part, nous ne
regretterions que modérément la description de la
goinfrerie de *Gnathon*. Mais ces pages sont rares,
et La Bruyère, détestant ce qui est grossier, a dit
nettement que la trivialité n'avait pas sa place
dans une œuvre d'art :

« Ce n'est point assez que les mœurs du théâtre ne
« soient point mauvaises ; il faut encore qu'elles soient
« décentes et instructives. Il peut y avoir un ridicule si
« bas et si grossier, ou même si fade et si indifférent,
« qu'il n'est ni permis au poète d'y faire attention, ni
« possible aux spectateurs de s'en divertir. Le paysan
« ou l'ivrogne fournit quelques scènes à un farceur ; il

« n'entre qu'à peine dans le vrai comique : comment
« pourrait-il faire le fond ou l'action principale de la
« comédie ? Ces caractères, dit-on, sont naturels : ainsi,
« par cette règle, on occupera bientôt tout l'amphithéâtre
« d'un laquais qui siffle, d'un malade dans sa garde
« robe, d'un homme ivre qui dort ou qui vomit ; y a-t-il
« rien de plus naturel ? C'est le propre d'un efféminé de
« se lever tard, de passer une partie du jour à sa toi-
« lette, de se voir au miroir, de se parfumer, de se
« mettre des mouches, de recevoir des billets et d'y faire
« réponse : mettez ce rôle sur la scène, plus longtemps
« vous le ferez durer, un acte, deux actes, plus il sera
« naturel et conforme à son original ; mais plus aussi il
« sera froid et insipide (1). »

La lecture des *Caractères* prouve que le moraliste
ne s'accorda pas plus à lui-même qu'au poète comique le droit de tracer des peintures grossières ;
en revanche, il ne s'interdisait pas (et il avait raison) de signaler des travers légers, comme celui
du petit-maître ; car, ce qui ne peut fournir la
matière d'un rôle, ne déplaît point dans un portrait de vingt lignes :

« *Iphis* voit à l'église un soulier d'une nouvelle mode ;
« il regarde le sien, et en rougit ; il ne se croit plus habillé.
« Il était venu à la messe pour s'y montrer, et il se cache :

(1) *Des Ouvrages de l'esprit.*

« le voilà retenu par le pied dans sa chambre tout le reste
« du jour. Il a la main douce, et il l'entretient avec une
« pâte de senteur. Il a soin de rire pour montrer ses dents :
« il fait la petite bouche, et il n'y a guère de moments où
« il ne veuille sourire. Il regarde ses jambes, il se voit au
« miroir ; l'on ne peut être plus content de personne qu'il
« l'est de lui-même. Il s'est acquis une voix claire et déli-
« cate, et heureusement il parle gras. Il a un mouvement
« de tête, et je ne sais quel adoucissement dans les yeux,
« dont il n'oublie pas de s'embellir. Il a une démarche
« molle, et le plus joli maintien qu'il est capable de se
« procurer. Il met du rouge, mais rarement, il n'en fait
« pas habitude : il est vrai aussi qu'il porte des chausses
« et un chapeau, et qu'il n'a ni boucles d'oreilles, ni
« collier de perles ; aussi ne l'ai-je pas mis dans le cha-
« pitre des femmes (1) ».

Toutefois, ici encore, le danger est tout proche ;
à étudier le détail des mœurs, on tombe aisément dans la minutie ; à recueillir les faits et
les anecdoctes, on risque de bavarder comme un
gazetier. Et c'est si bien un péril que la Bruyère
ne s'en est pas toujours gardé. Certes, il ne per-
mettra pas qu'on le puisse jamais confondre avec
un nouvelliste ; tant il a de dédain pour cette en-
geance ! Mais il est bien vrai que certaines de ses
observations sont un peu menues, et qu'il est

(1) *De la Mode.*

dans sa galerie, des figures assez peu intéres-
santes pour qu'on puisse s'étonner de les y voir
figurer, ou du moins y tenir tant de place. Nous
avons parlé des *caractères* des gens à manie ; en
vérité La Bruyère ne s'y est-il pas attardé plus
que de raison ? Je sais bien que, pris à part,
chacun d'eux est un chef-d'œuvre d'exécution ;
mais c'est qu'ici l'art surpasse la matière, et il ne
faudrait pas beaucoup de pages de ce genre pour
donner raison aux critiques qui estiment que La
Bruyère a eu surtout le talent de dire ingénieusement des choses communes. Il est rare, heureusement, que la mesure soit ainsi passée. La
Bruyère avait senti l'écueil :

« Combien, dit-il, combien d'âmes faibles, molles et
« indifférentes..... ! Combien de sortes de ridicules ré-
« pandus parmi les hommes, mais qui, par leur singula-
« rité, ne sont d'aucune ressource pour l'instruction et
« pour la morale ! Ce sont des vices uniques qui ne sont
« pas contagieux, et qui sont moins de l'humanité que
« de la personne (1). »

Et l'écueil, qu'il distinguait si bien, il l'évita
presque toujours.

(1) *De l'Homme.*

Il sut aussi prendre ses précautions contre les
excès où son goût du détail pittoresque eût pu
l'entraîner. Il comprit ce qui arrive, lorsqu'on
s'intéresse trop vivement aux côtés extérieurs de
la vie humaine : on oublie de vouloir voir plus
loin, d'aller au fond ; on se préoccupe moins de
la pièce que du décor, l'on se soucie plus du
costume de l'acteur que de son rôle ; on fait
des ouvrages semblables à ceux dont on a dit :
ce sont des miroirs que l'on promène le long
du chemin. Or les miroirs ne rendent que les
surfaces ; et La Bruyère ne souhaitait pas être
seulement un imagier, il prétendait au titre de
peintre des mœurs. — Ce goût du pittoresque,
quand on le laisse dominer, présente même un
inconvénient plus grave : l'observateur qui se
plaît surtout à examiner les attitudes, les allures
et les visages, est exposé, s'il n'y prend bien
garde, à attribuer, lorsqu'il juge, une importance
trop grande aux indices qu'ils lui fournissent.
Comme ces signes révèlent souvent le fond de
l'âme, on en vient à croire qu'ils ne trompent
jamais ; l'on fait des peintures exactes et l'on
conçoit des idées fausses. Mais cette erreur étant

de celles où tombent aisément les esprits communs, il fut facile à La Bruyère de s'en préserver. Pour son enquête il tira grand parti de ce que lui apprenait l'aspect et la physionomie des hommes :

« Il n'y a, dit-il, rien de si délié, de si simple et de si
« imperceptible, où il n'entre des manières qui nous
« décèlent. Un sot ni n'entre, ni ne sort, ni ne s'assied,
« ni ne se lève, ni ne se tait, ni n'est sur ses jambes,
« comme un homme d'esprit (1). »

Et ailleurs :

« Les traits découvrent la complexion et les mœurs ;
« mais la mine désigne les biens de fortune ; le plus ou
« moins de mille livres de rente se trouve écrit sur les
« visages (2). »

Mais il discerna clairement que des renseignements de ce genre n'étaient point infaillibles :

« Il ne faut pas juger des hommes comme d'un
« tableau ou d'une figure, sur une seule et première vue;
« il y a un intérieur et un cœur qu'il faut approfondir ;
« le voile de la modestie couvre le mérite, et le masque
« de l'hypocrisie cache la malignité (3). »

(1) *Du Mérite personnel.*
(2) *Des Biens de fortune.*
(3) *Des Jugements.*

La mesure dans laquelle on peut user de ces indices, est marquée par lui avec une parfaite précision :

« La physionomie n'est pas une règle qui nous soit don-
« née pour juger des hommes : elle nous peut servir de
« conjecture (1). »

C'est là qu'il s'en tint très exactement.

Ajoutons aussi que, si la Bruyère n'eut point de visées systématiques, s'il ne prétendit point aux amples généralisations, son observation pourtant ne se confina pas dans l'étude des individus et dans des remarques particulières. L'eût-il voulu d'ailleurs, qu'il n'y eût point réussi. On a beau se défier des idées générales, on ne peut s'en passer; l'observation des détails mène, quoi qu'on en aie, à la vue des ensembles. Les idées générales! on a beau ne les point prendre pour but, on les trouve au bout de sa route ; et, si La Bruyère ne les cherchait pas, il ne craignait point de les rencontrer. Ainsi, en étudiant les hommes, c'est l'homme qu'il arrive à connaître; et, dans son chapitre de l'*Homme*, où il étudie les penchants de

____

(1) *Des Jugements*

notre nature développés par des causes naturelles comme l'âge et les passions, ce ne sont plus des tableaux de genre qu'il nous offre, mais de grandes toiles aux profondes perspectives. Il y a là telle page qui rappelle moins Théophraste que son maître Aristote : le portrait des enfants, surtout celui des vieillards, ne ferait pas mauvaise figure à côté des morceaux fameux de la *Rhétorique*.

« Le souvenir de la jeunesse est tendre dans les
« vieillards ; ils aiment les lieux où ils l'ont passée ; les
« personnes qu'ils ont commencé de connaître dans ce
« temps leur sont chères ; ils affectent quelques mots du
« premier langage qu'ils ont parlé ; ils tiennent pour l'an-
« cienne manière de chanter et pour la vieille danse ; ils
« vantent les modes qui régnaient alors dans les habits,
« les meubles et les équipages ; ils ne peuvent encore
« désapprouver des choses qui servaient à leurs passions,
« qui étaient si utiles à leurs plaisirs et qui en rappellent
« la mémoire. Comment pourraient-ils leur préférer de
« nouveaux usages et des modes toutes récentes où ils
« n'ont nulle part, dont ils n'espèrent rien, que les
« jeunes gens ont faites, et dont ils tirent à leur tour de
« si grands avantages contre la vieillesse (1) ! »

C'est là toutefois une idée qu'il ne faudrait pas

(1) *De l'Homme.*

pousser trop loin. C'est surtout par l'observation précise et vivante que vaut La Bruyère. Il suffit de ne pas oublier que parfois il a su atteindre à l'ampleur.

L'élévation non plus ne lui a pas manqué ; et cette qualité, il la tient de la préoccupation d'utilité morale avec laquelle il a écrit son livre. Chez lui point d'indifférence ; il n'observe pas l'homme, comme un médecin dissèque un cadavre. C'est à un sujet vivant qu'il a affaire ; et les maux qu'il surprend, il veut les guérir. Sans doute il ne se flatte pas du succès, il a pour cela trop de clairvoyance ; mais il ne se lasse pas de le poursuivre. S'il aime l'observation, ce n'est pas uniquement pour elle-même, mais pour l'instruction que son lecteur en peut tirer :

« Je rends au public ce qu'il m'a prêté : j'ai emprunté
« de lui la matière de cet ouvrage ; il est juste que,
« l'ayant achevé avec toute l'attention pour la vérité dont
« je suis capable, et qu'il mérite de moi, je lui en fasse
« la restitution. Il peut regarder avec loisir ce portrait que
« j'ai fait de lui d'après nature ; et, s'il se connaît quel-
« ques-uns des défauts que je touche, s'en corriger. C'est
« l'unique fin que l'on doit se proposer en écrivant (1). »

(1) *Préface des Caractères.*

Et ce dessein est si bien toujours présent à sa pensée qu'on le voit parfois se trahir d'une manière fort inattendue. S'il y a dans son œuvre un personnage qui semble ne point penser à mal, c'est bien son inoffensif amateur de tulipes. Voyez pourtant comme La Bruyère s'échappe à le morigéner :

« Il la contemple, il l'admire (sa tulipe) ; Dieu et la « nature sont en tout cela ce qu'il n'admire point... Cet « homme raisonnable qui a une âme, qui a un culte et « une religion, etc... »

Il s'en faut, on le voit, qu'il ait le détachement de ces observateurs tranquilles, qui, comme Le Sage, laissent à l'expérience le soin de donner à leurs lecteurs des leçons de morale.

Avec de pareilles dispositions, l'ouvrage de La Bruyère ne pouvait point ne pas être satirique. Et d'ailleurs, si la satire ne doit jamais se passer de l'observation, rarement l'observation se passe de la satire. Il semble malaisé, quand on fait son étude des vices, des faiblesses et des ridicules de l'humanité, qu'on n'en conçoive point de l'irritation, et qu'on ne souhaite pas les atteindre: en ce cas, c'est à la satire qu'on a tout naturellement recours. C'est ce que fit La Bruyère, et il n'éprouve nul embarras à le reconnaître :

« Comme les hommes ne se dégoûtent point du vice, il
« ne faut pas aussi se lasser de leur reprocher ; ils se-
« raient peut-être pires s'ils venaient à manquer de cen-
« seurs ou de critiques (1). »

Mais il y a bien des degrés dans la satire, selon que l'on ressent plus ou moins vivement, plus ou moins profondément la misère morale de l'humanité. Pascal se désespère de ne voir dans la vie qu'une énigme ; l'imperfection humaine est pour lui un supplice ; et sa raillerie, quand il raille, a un accent de douleur tragique. Pour La Rochefoucauld, le monde s'agite dans l'intrigue universelle ; il ne trouve dans l'homme que per- versité hypocrite ; et ses censures sont irritées et amères. Pascal nous accable, La Rochefoucauld nous flétrit. La satire, dans La Bruyère, reste loin de cette cruauté ; sans doute certains vices, cer- taines iniquités lui arrachent des cris de mépris ou de colère. Mais, en général, il envisage les choses d'un regard plus modéré ; le jugement

____

(1) *Préface des Caractères*

qu'il porte sur l'humanité n'a rien d'absolu ; il ne croit pas, comme Pascal, à son irrémédiable impuissance, comme La Rochefoucauld, à sa perversité radicale. L'homme, à son sens, est surtout inconsistant :

« Les couleurs sont préparées, et la toile est toute « prête ; mais comment le fixer, cet homme inquiet, léger, « inconstant, qui change de mille et mille figures ? Je le « peins dévot, et je crois l'avoir attrapé ; mais il m'é- « chappe, et déjà il est libertin. Qu'il demeure du moins « dans cette mauvaise situation, et je saurai le prendre « dans un point de dérèglement de cœur et d'esprit où il « sera reconnaissable ; mais la mode presse, il est « dévot (1). »

Comme d'ailleurs il n'a point connu ces grandes infortunes, qui emplissent l'âme d'amertume, comme il est, sinon sans humeur, au moins sans noir chagrin, ses censures dépassent rarement le ton de la moquerie tempérée. Il attaque l'homme surtout par ses endroits ridicules ; et, parce qu'il excelle à les mettre en saillie, il n'en veut pas trop à ses originaux, comme le remarque M. Nisard, et « ne hait pas ce qu'il

(1) *De la Mode.*

peint avec tant de bonheur ». On doit d'ailleurs lui rendre cette justice que, malgré toute son
habileté à manier la plaisanterie, il n'en use
qu'avec discrétion, à son heure et en son lieu :

« Il ne faut point, dit-il, mettre un ridicule où il n'y en
« a point ; c'est se gâter le goût, c'est corrompre son
« jugement et celui des autres. Mais le ridicule qui est
« quelque part, il faut l'y voir, l'en tirer avec grâce, et
« d'une manière qui plaise et qui instruise (1). »

Le livre de La Bruyère ne nous offre pas seulement des caractères, mais aussi des portraits satiriques ; pour parler notre langage, il contient des
personnalités. De son temps, tout le monde s'en
aperçut, et il ne manqua pas de gens pour le lui
reprocher. Ce reproche, Charpentier le lui adres-
sait de façon assez maussade, quand il le reçut à
l'Académie : « Vous avez fait, lui disait-il, vos
portraits d'après nature ; lui (Théophraste) n'a
fait les siens que sur une idée générale. Vos portraits ressemblent à de certaines personnes, et
souvent on les devine ; les siens ne ressemblent
qu'à l'homme. Cela est cause que ses portraits res-

(1) *Des Ouvrages de l'esprit.*

sembleront toujours ; mais il est à craindre que les vôtres ne perdent quelque chose de ce vif et de ce brillant qu'on y remarque, quand on ne pourra plus les comparer avec ceux sur qui vous les avez tirés. » D'aucuns prétendaient même qu'à peu de chose près, tout, dans les *Caractères*, était personnalité. Un certain Besogne visait à hériter du fauteuil académique de La Bruyère ; ce personnage rédigeait l'*Estat de la France*, c'est-à-dire une sorte d'annuaire. A ce propos, voici ce qu'écrivait le poète Sénécé :

> Besogne ose briguer la place
> Du Théophraste de nos ans ;
> Pour moi, j'approuve cette audace
> Que sifflent tant d'honnêtes gens.
> La Bruyère en ses *Caractères*
> Ménage trop la qualité ;
> Besogne y fait des commentaires
> Qui lèvent toute obscurité.
> Comparez-les ligne par ligne
> Pour décider de leur renom ;
> Tous ceux que le premier désigne,
> L'autre les nomme par leur nom.

C'était dire que La Bruyère n'avait fait qu'illustrer d'un crayon moqueur tout l'Annuaire royal. Lui réclamait très vivement là contre :

« Je crois pouvoir protester contre tout chagrin, toute
« plainte, toute maligne interprétation, toute application
« et toute censure (1). »

Il désavouait toutes les *Clefs* et, profitant du dés-
accord de leurs attributions, déclarait qu'elles
n'avaient aucune valeur :

« Etant presque toutes différentes entre elles, quel
« moyen de les faire servir à une même entrée, je veux
« dire à l'intelligence de mes remarques (2) ? »

Et il ajoutait avec impatience :

« Je ne me suis point loué au public pour faire des
« portraits qui ne fussent que ressemblants (3). »

Et pourtant ces attributions étaient parfois
exactes : il ne pouvait le nier. Sous le nom de
Théodas, il avait tracé de Santeul une caricature animée de malice sans aigreur. Santeul s'était reconnu
et, fort bon homme, avait adressé à La Bruyère
des remerciements que celui-ci n'avait point re-
fusés. Son ennemi, Vigneul-Marville, eut garde
de laisser perdre cet avantage : « On dit, écrivait-

(1) *Préface des Caractères.*
(2) *Préface du Discours de l'Académie.*
(3) *Id.*

il, que M. de La Bruyère travaille de fantaisie, qu'il n'a personne en vue et qu'il ne pense qu'à représenter des fantômes. Je réponds hardiment que cela n'est pas vrai, et, quoique M. de la Bruyère ait nié le fait avec détestation, il ne peut, en homme d'honneur, désavouer le portrait qu'il a fait de Santeul sous le nom de Théodas. S'il reconnaît ce portrait pour être celui de Santeul, comme il faut qu'il le reconnaisse, ou qu'il nous prenne pour des grues, il sera obligé d'en reconnaître encore une douzaine, et, après cela, tous les autres qui ne se sont pas rencontrés fortuitement au bout de son pinceau, comme il tâche de le faire croire, mais qu'il a peints de dessein formé.»

Le raisonnement de Vigneul-Marville ne peut pas se réfuter ; et il est certain qu'il y a, dans les *Caractères*, des peintures marquées d'une ressemblance irrécusable avec des personnages vivants. A ne pas s'y méprendre, *Pamphile* c'est Dangeau, *Straton* c'est Lauzun, *Théophile* c'est Roquette, l'évêque d'Autun, et *Périandre* le financier Langlée. Ce qu'il faut accorder à La Bruyère, comme il le demande, c'est qu'il n'a pas *toujours* « songé à peindre celui-ci ou celle-là ». Il pouvait bien dans

un caractère glisser une allusion, placer un trait
qu'il avait saisi chez tel ou tel : c'était faire son
métier d'observateur et l'on ne voit pas comment
il aurait pu s'y prendre autrement. Mais ce qui
lui permet de dire qu'il ne cherche pas uniquement
les personnalités, c'est que, quand il dessine ses
types, il prend toujours soin de ne pas leur prêter des traits qui ne pourraient convenir qu'à un
seul original. On aurait mauvaise grâce à lui demander davantage.

Il convient aussi de remarquer que, lorsqu'une
personne est nettement visée, il est bien rare que
La Bruyère la désigne au mépris ou à la haine du
public. Les blessures qu'il fait alors, ne sont
point envenimées et sa satire ne va pas jusqu'à
diffamer les gens, il lui suffit de les livrer au ridicule. Pourtant, au moins en deux rencontres, il
écrivit des pages où cette mesure ne fut pas gar-
dée. A la fin de son chapitre des *Jugements*, on lit
sur Guillaume III des lignes qu'eût pu signer le
plus virulent des pamphlétaires.

Dans ce passage éclate bien de la violence, bien
de l'injustice aussi ; mais on les peut pardonner
à La Bruyère, en songeant que Guillaume est un

ennemi de la France, et l'on s'explique que les sages eux-mêmes, lorsque la patrie est en jeu, se laissent gagner par les haines populaires.

Il y a moins d'emportement, mais plus de fiel dans le portrait de Fontenelle peint sous le nom de *Cydias* :

« Ascagne est statuaire ; Hégion fondeur, Eschine
« foulon, et Cydias bel esprit, c'est sa profession. Il a une
« enseigne, un atelier, des ouvrages de commande, et
« des compagnons qui travaillent sous lui : il ne vous
« saurait rendre de plus d'un mois les stances qu'il vous
« a promises, s'il ne manque de parole à Dosithée, qui
« l'a engagé à faire une élégie ; une idylle est sur le mé-
« tier, c'est pour Crantor qui le presse, et qui lui laisse
« espérer un riche salaire. Prose, vers, que voulez-vous?
« il réussit également en l'un et en l'autre. Demandez-lui
« des lettres de consolation, ou sur une absence, il les
« entreprendra ; prenez-les toutes faites et entrez dans
« son magasin, il y a à choisir. Il a un ami qui n'a point
« d'autre fonction sur la terre que de le promettre long-
« temps à un certain monde, et de le présenter enfin dans
« les maisons comme homme rare et d'une exquise con-
« versation ; et là, ainsi que le musicien chante et que le
« joueur de luth touche son luth devant les personnes à
« qui il a été promis, Cydias, après avoir toussé, relevé
« sa manchette, étendu la main et ouvert les doigts,
« débite gravement ses pensées quintessenciées et ses
« raisonnements sophistiqués.............. Soit qu'il parle
« ou qu'il écrive, il ne doit pas être soupçonné d'avoir en

« vue ni le vrai, ni le faux, ni le raisonnable, ni le ridi-
« cule ; il évite uniquement de donner dans le sens des
« autres, et d'être de l'avis de quelqu'un. Aussi attend-il
« dans un cercle que chacun se soit expliqué sur le sujet
« qui s'est offert, ou souvent qu'il a amené lui-même,
« pour dire dogmatiquement des choses toutes nouvelles,
« mais à son gré décisives et sans réplique. Cydias s'égale
« à Lucien et à Sénèque, se met au-dessus de Platon, de
« Virgile et de Théocrite ; et son flatteur a soin de le con-
« firmer tous les matins dans cette opinion……. C'est, en
« un mot, un composé du pédant et du précieux, fait pour
« être admiré de la bourgeoisie et de la province, en qui
« néanmoins on n'aperçoit rien de grand que l'opinion
« qu'il a de lui-même (1). »

On ne peut nier qu'ici la personnalité soit aussi
directe que possible ; de plus, si spirituel qu'on
trouve ce portrait, il faut avouer qu'il y a là plutôt de l'acrimonie que de la malice. Mais quoi !
Fontenelle avait attaqué La Bruyère, et c'est le
propre des rancunes littéraires de ne point garder
de mesure.

Malgré ces quelques passages, on a pourtant le
droit de dire que la satire, dans les *Caractères*, est
le plus souvent sans noirceur, et qu'elle n'excède
guère la plaisanterie permise. Bien plutôt, pres-

(1) *De la Société et de la Conversation.*

que toujours, elle ne sert qu'à donner plus d'aiguillon à ces observations justes, pénétrantes et mesurées, qui font du livre de La Bruyère le guide le plus complet et le plus agréable de sagesse pratique.

L'ECRIVAIN

CHAPITRE PREMIER.

Idées et jugements littéraires de La Bruyère.

On se rappelle le mot de Brillon que nous avons déjà cité : « Je surprendrais, disait-il, bien des personnes si je leur disais que l'auteur de l'ouvrage en ce siècle le plus admiré a été dix ans au moins à le faire et presque autant à balancer s'il le produirait. » Brillon était avocat et il y paraît; son propos porte la marque de l'exagération professionnelle. Mais le chapitre des *Ouvrages de l'esprit* nous laisse clairement voir que La Bruyère passa par bien des perplexités avant de se décider à publier son livre. Il se défiait de lui-même; car,

« la même justesse d'esprit qui nous fait écrire de
« bonnes choses, nous fait appréhender qu'elles ne le
« soient pas assez pour mériter d'être lues. »

Il se défiait aussi de l'accueil que lui réservait

un public qui avait vu se succéder tant de chefs-
d'œuvre, qui s'habituait à ne plus se livrer et prenait goût à la critique. Or

« le plaisir de la critique nous ôte celui d'être vive-
« ment touchés de très belles choses (1). »

Conquérir ce public était une affaire. Que de ca-
tégories de lecteurs difficiles, dédaigneux ou indifférents ! Et La Bruyère les énumère non sans
inquiétude, non sans irritation.

Ce sont les auteurs jaloux comme *Zoïle*, ou
pleins d'eux-mêmes comme *Théocrine*, personnage « abstrait, dédaigneux » et

« qui semble toujours rire en lui-même de ceux qu'il
« croit ne le valoir pas. Le hasard fait que je lui lis
« mon ouvrage. Il l'écoute. Est-il lu, il me parle du sien.
« Et du vôtre, me direz-vous, qu'en pense-t-il ? Je vous
« l'ai déjà dit, il me parle du sien. »

Ce sont encore les timorés, qui, comme *Zélotes*,
lorsqu'il s'agit d'une œuvre nouvelle,

« ne hasardent point leurs suffrages et... veulent être
« portés par la foule et entraînés par la multitude. »

______

(1) La plupart des citations faites dans les pages qui suivent sont
empruntées au chapitre des *Ouvrages de l'esprit*. Nous ne donnerons
de renvois que pour celles qui sont prises dans d'autres chapitres.

Viennent ensuite les hypercritiques, comme *Arsène*, qui,

« occupé et rempli de ses sublimes idées, se donne à
« peine le loisir de prononcer quelques oracles. »

Et le groupe dangereux de ceux qui s'engagent dans les coteries :

« Que dites-vous du livre d'*Hermodore*? — Qu'il est
« mauvais, répond *Anthime*. — Qu'il est mauvais? —
« Qu'il est tel, continue-t-il, que ce n'est pas un livre,
« ou qui mérite du moins que le monde en parle. — Mais
« l'avez-vous lu? — Non, dit *Anthime*. Que n'ajoute-t-il
« que *Fulvie* et *Mélanie* l'ont condamné sans l'avoir lu,
« et qu'il est l'ami de Fulvie et de Mélanie? »

Enfin par où pénétrer la grande foule des indifférents ?

« Ceux qui, par leur condition, se trouvent exempts de
« la jalousie d'auteur, ont ou des passions ou des be-
« soins qui les distraient et les rendent froids sur les con-
« ceptions d'autrui ; personne, presque, par la disposition
« de son esprit, de son cœur et de sa fortune, n'est en
« état de se livrer au plaisir que donne la perfection d'un
« ouvrage. »

Surtout La Bruyère s'inquiétait à la pensée d'avoir pour juges

« ces personnes d'esprit qui ont en eux les semences de
« toutes les vérités et de tous les sentiments. »

De pareils lecteurs, il le savait, « admirent peu,
ils approuvent ». Quelle entreprise que de mériter
leur approbation ! Sainte-Beuve, en quelques lignes, a évoqué ce sourcilleux aréopage : « Ce n'é-
tait plus l'heure des coups d'essai. Presque tous
ceux qui avaient porté les grands coups vivaient.
Molière était mort ; longtemps après Pascal, La
Rochefoucauld avait disparu ; mais tous les autres
restaient là rangés. Quels noms ! quel auditoire
auguste, consommé, déjà un peu sombre de front
et un peu silencieux ! Dans son discours à l'Académie, La Bruyère lui-même les a énumérés en
face ; il les avait passés en revue dans ses veilles
bien des fois auparavant. Et ces Grands, rapides
connaisseurs de l'esprit ! Et Chantilly, *écueil des
mauvais ouvrages !* Et ce roi, *retiré dans son balus-
tre,* qui les domine tous ! Quels juges pour qui,
sur la fin du grand tournoi, s'en vient aussi demander la gloire ! » La Bruyère hésita donc longtemps avant d'affronter la publicité, et le mot
de Brillon n'est point faux, mais seulement
excessif.

Hâtons-nous de dire que ses hésitations vinrent
moins encore d'une préoccupation intéressée de
succès personnel que du long travail par lequel il
se forma à l'art d'écrire et de la conception qu'il
s'en fit. Certes, on le verra, dans ses traits essentiels, cette conception n'est point nouvelle ; c'est
celle même de l'art classique ou, pour parler avec
plus de précision, c'est celle de l'art de la seconde
moitié du XVIIe siècle. Mais, si elle ne lui appartient pas en propre, il ne l'a pas reçue toute faite ;
les idées qu'il exprime, il a voulu les *repenser* ; et,
quand il formule un principe, son accent a cette
autorité qui ne manque jamais à ce qui part d'une
conviction sincère et pleine. Ne cherchons point
d'ailleurs dans son livre l'exposition suivie d'une
doctrine littéraire : quelle place y avait-il pour
une exposition de ce genre dans un ouvrage sur
les mœurs ? Marquons seulement après lui les
traits principaux de son idéal.

Comme les grands écrivains, ses contemporains, La Bruyère met très haut le but de l'art.
Il sait bien qu'en flattant les goûts du jour on peut
obtenir des succès aisés et brillants ; mais ces
succès sont, à ses yeux, de nulle valeur :

« Celui qui en écrivant n'a égard qu'au goût de son
« siècle songe plus à sa personne qu'à ses écrits. »

Si l'on n'a d'autre ambition que d'écrire des
œuvres agréables, on ne peut prétendre à faire
œuvre d'art ; car

« l'agrément est arbitraire ; la beauté est quelque chose
« de plus réel et de plus indépendant du goût et de
« l'opinion (1). »

Le véritable artiste ne saurait jamais se contenter à demi, et doit écrire non pour aujourd'hui,
ni pour demain, mais pour tous les siècles :

« Il faut toujours tendre à la perfection ; et alors cette
« justice qui nous est quelquefois refusée par nos con-
« temporains, la postérité sait nous la rendre. »

Si, pour atteindre à la perfection, il faut viser à
ce qui ne passe point, le premier objet de celui
qui fait profession d'écrire ne peut être que la
vérité. Où la vérité manque, rien que d'éphé-
mère ; toute œuvre durable est nécessairement
fondée sur le vrai et procède avant tout de la raison :

(1) *Des Femmes.*

« Il ne faut pas qu'il y ait trop d'imagination dans nos
« conversations ni dans nos écrits ; elle ne produit sou-
« vent que des idées vaines et puériles, qui ne servent
« point à perfectionner le goût, et à nous rendre meil-
« leurs ; nos pensées doivent être prises dans le bon
« sens et la droite raison, et doivent être un effet de
« notre jugement (1). »

Ce n'est point assez, d'ailleurs, de connaître et
de comprendre le vrai ; à moins de n'être qu'un
savant, et non pas un artiste, il est nécessaire par
surcroît de l'aimer et de sentir la beauté qui lui est
propre, ce par quoi il est *aimable,* comme disait
Boileau :

« Il y a dans l'art un point de perfection, comme de
« bonté ou de maturité dans la nature ; celui qui le
« sent et qui l'aime a le goût parfait ; celui qui ne le
« sent pas, et qui aime en deçà ou au delà, a le goût dé-
« fectueux. Il y a donc un bon et un mauvais goût, et
« l'on dispute des goûts avec fondement. »

Ainsi une belle œuvre est celle où le goût fait
resplendir la beauté du vrai distingué et compris
par la raison. Point de goût sans la raison ; mais
aussi point d'art où le goût fait défaut.

(1) *De la Société et de la Conversation.*

Le Bien n'étant qu'une forme pratique du Vrai, il y aura toujours avantage pour l'écrivain à chercher à le faire aimer, et celui-là méritera le plus d'estime qui saura donner des œuvres à la fois bonnes et belles :

« Quand une lecture vous élève l'esprit, et qu'elle vous « inspire des sentiments nobles et courageux, ne cher- « chez pas une autre règle pour juger de l'ouvrage ; il « est bon et fait de main d'ouvrier. »

Tels sont les principes généraux d'où dérivent les opinions de La Bruyère sur les diverses questions de critique et de littérature.

Dédaigneux de ce qui ne saurait résister à l'œuvre du temps, il se garde bien de songer à se faire à tout prix une réputation d'originalité. Le plaisir de dire du nouveau contraint parfois à sacrifier quelque chose de la vérité ; à son gré c'est un sacrifice onéreux et coupable. Il n'y consent jamais :

« Entre dire de mauvaises choses et en dire de bonnes « que tout le monde sait, et les donner pour nouvelles, « je n'ai pas à choisir (1). »

(1) *De la Société et de la Conversation.*

Trop cultivé pour ignorer les découvertes faites dès longtemps dans l'étude de la nature humaine, il croit que « tout est dit » et « que l'on vient trop tard depuis six mille ans qu'il y a des hommes et qui pensent ». Et c'est pourquoi il ne lui paraît point nécessaire d'être neuf pour être original ; ce qui vaut n'est pas seulement, juge-t-il, de trouver des idées nouvelles, mais d'avoir ses prises propres sur des vérités déjà anciennes :

« Horace ou Despréaux l'a dit avant vous. — Je le crois « sur votre parole ; mais je l'ai dit comme mien. Ne puis- « je pas penser après eux une chose vraie, et que « d'autres encore penseront après moi ? »

Les œuvres antiques, qui ont un fond si solide de vérité éternelle et qui laissent sentir à plein la sincérité de leurs auteurs, offraient à La Bruyère des exemplaires de ce qu'il concevait comme la perfection dans l'art d'écrire. Aussi prit-il résolument les anciens, sinon pour modèles, au moins pour guides, et l'antiquité lui parut la meilleure institutrice de la raison et du goût. Dans la fameuse querelle qui s'émut alors, bien qu'il n'ait point pris part aux polémiques, on sait de quel côté il se rangea ; et peut-être est-ce lui qui porta aux *modernes* le coup le plus sensible quand il leur donnait à entendre que, ce qu'ils pouvaient avoir de bon, ils en étaient redevables aux anciens :

« On se nourrit des anciens et des habiles modernes ;
« on les presse, on en tire le plus que l'on peut, on en
« renfle ses ouvrages ; et quand enfin l'on est auteur, et
« que l'on croit marcher tout seul, on s'élève contre
« eux, on les maltraite, semblables à ces enfants drus
« et forts d'un bon lait qu'ils ont sucé, qui battent leur
« nourrice. »

Pour lui, sachant que

« c'est un métier de faire un livre, comme de faire une
« pendule »,

c'est près des anciens qu'il voulut aller en apprentissage ; il jugea que leur école était la meilleure, et n'en conseilla point d'autre. Homère, Platon, Virgile, Horace sont des maîtres dans l'art « de bien définir et de bien peindre » en quoi consiste tout l'esprit d'un auteur. C'est à eux qu'il faut demander des leçons ; à négliger leurs enseignements ou à les mal comprendre, on n'a jamais manqué de faire fausse route, comme le prouve l'expérience ; car

« combien de siècles se sont écoulés avant que les

« hommes, dans les sciences et dans les arts, aient
« pu revenir au goût des anciens et reprendre enfin le
« simple et le naturel ! »

Ce goût du simple et du naturel dicte à La
Bruyère tous les jugements critiques que l'on
peut lire au chapitre des *Ouvrages de l'esprit* sur
les hommes du xvie et du xviie siècle. Réserve
faite de la licence de quelques-uns de ses vers, il
a pour Marot une sympathie déclarée : c'est que
les ouvrages de ce vieux poète sont « si naturels
et si faciles » ! En dernière analyse, il condamne
Rabelais ; pourquoi ? parce qu'en fin de compte
il est « incompréhensible » et que dans son
livre, « énigme, quoi qu'on en veuille dire, inex-
plicable », on ne trouve pas assez de naturel et de
simplicité. Malgré tout son talent, Théophile est
sacrifié à Malherbe ; car Théophile « passe le vrai
dans la nature,... il en fait le roman », tandis que
Malherbe « montre à la fois ce qu'elle a de plus
beau et de plus noble, de plus naïf et de plus
simple ». Les devanciers et les contemporains
illustres de La Bruyère, — Molière, La Fontaine,
Boileau (1), — il les loue à proportion qu'ils ont

____

(1) *Voir le discours de La Bruyère à l'Académie.*

été plus naturels et plus vrais. On a cité bien des fois son parallèle de Corneille et de Racine, et l'on a remarqué que, tout en rendant hommage à la fécondité et à l'élévation du premier, c'est au second que vont ses préférences. Et la raison ? La Bruyère la dit à la dernière ligne de ce morceau fameux : « Corneille est plus moral, — Racine plus naturel. »

Dans les *Caractères*, nous voyons vivement pourchassés tous ceux qui corrompent la vérité et qui défigurent la nature. Tout entier le beau chapitre de la *Chaire* est une protestation contre les ornements équivoques dont on farde la divine simplicité de l'Évangile : La Bruyère couvre de ridicule les prédicateurs à la mode, *énumérateurs*, *portraitistes*, *déclamateurs*, et il appelle de ses vœux un homme qui,

« avec un style nourri des saintes Ecritures, explique au
« peuple la parole divine uniment et familièrement (1). »

Au théâtre, il proscrit le genre romanesque, qui fausse tout pour vouloir tout embellir :

(1) *De la Chaire.*

« Le poème tragique vous serre le cœur dès son com-
« mencement, vous laisse à peine dans tout son progrès
« la liberté de respirer et le temps de vous remettre.......
« Ce n'est donc pas un tissu de jolis sentiments, de dé-
« clarations tendres, d'entretiens galants, de portraits
« agréables, de mots *doucereux*,... suivi, à la vérité, d'une
« dernière scène où les mutins n'entendent aucune rai-
« son, et où, pour la bienséance, il y a enfin du sang ré-
« pandu, et quelque malheureux à qui il en coûte la vie. »

Les amateurs du burlesque, au lieu d'embellir
la nature, la dégradent, la font grimacer ; voici
l'arrêt qui les condamne :

« L'on dit par belle humeur, et dans la liberté de la
« conversation, de ces choses froides, qu'à la vérité l'on
« donne pour telles, et que l'on ne trouve bonnes que
« parce qu'elles sont extrêmement mauvaises. Cette ma-
« nière basse de plaisanter a passé du peuple, à qui elle
« appartient, jusque dans une grande partie de la jeu-
« nesse de la cour, qu'elle a déjà infectée. Il est vrai qu'il
« y entre trop de fadeur et de grossièreté pour devoir
« craindre qu'elle s'étende plus loin et qu'elle fasse de
« plus grands progrès dans un pays qui est le centre du
« bon goût et de la politesse ; l'on doit cependant en ins-
« pirer le dégoût à ceux qui la pratiquent ; car, bien que
« ce ne soit jamais sérieusement, elle ne laisse pas de
« tenir la place, dans leur esprit et dans le commerce
« ordinaire, de quelque chose de meilleur (1). »

(1) *De la Société et de la Conversation.*

Les précieux (il y en avait encore au temps de La Bruyère) répugnent à toute naïveté ; ils sont jugés et sans appel :

« L'on a vu, il n'y a pas longtemps, un cercle de per-
« sonnes des deux sexes, liées ensemble par la conversa-
« tion et par un commerce d'esprit. Ils laissaient au vul-
« gaire l'art de parler d'une manière intelligible ; une
« chose dite entre eux peu clairement en entraînait une
« autre encore plus obscure, sur laquelle on enchérissait
« par de vraies énigmes, toujours suivies de longs applau-
« dissements : par tout ce qu'ils appelaient délicatesse,
« sentiment, tour et finesse d'expression, ils étaient enfin
« parvenus à n'être plus entendus et à ne s'entendre pas
« eux-mêmes. Il ne fallait, pour fournir à ces entretiens,
« ni bon sens, ni jugement, ni mémoire, ni la moindre
« capacité ; il fallait de l'esprit, non pas du meilleur,
« mais de celui qui est faux et où l'imagination a trop de
« part (1). »

En somme, on le voit, en matière de littérature, les idées de La Bruyère ressemblent fort à celles de Boileau : tous les deux ont les mêmes opinions, les mêmes admirations ; qui est contre l'un est contre l'autre. Pourtant il semble que l'auteur du chapitre des *Ouvrages de l'esprit* ait dans le goût plus de largeur, moins de rigueur doctrinaire et,

(1) *De la Société et de la Conversation.*

comme nous dirions, plus d'intelligence que le législateur de l'*Art poétique*.

Pris tout entier par sa dévotion à l'antiquité, Boileau ne s'est guère occupé de notre littérature du XVIe siècle que pour la condamner. Il a quelque indulgence pour Marot :

> Marot, bientôt après, fit fleurir les ballades,
> Tourna des triolets, rima des mascarades.......

Mais, à la façon dont il en parle, on voit qu'il le juge sans conséquence et que, peut-être, il ne l'a guère lu. Quant à Ronsard, il l'accable de tout son poids ; ce n'est rien, à ses yeux, qu'un grotesque pédant. Tout ce qu'il y a de sève généreuse et de belles ardeurs dans les œuvres imparfaites du chef de la Pléiade, Boileau ne l'a pas senti.

La Bruyère, lui aussi, au nom du goût et de la raison, rend des jugements sévères sur les excès et les fautes de cette littérature du XVIe siècle ; mais comme il comprend mieux ce qui les excuse et les explique ! surtout comme il connaît mieux ces devanciers d'hier ! comme il sent que, malgré tout, il y a de l'ingratitude à les mépriser ! Il s'enchante de la langue savoureuse de ce temps et regrette qu'on ait laissé perdre quelques-uns de ses trésors (1) ; il étudie Montaigne avec délices et le pastiche à merveille (2). Les folies de la fantaisie de Rabelais le choquent sans doute ; mais ce qu'elle a parfois d'ailé et de charmant n'est point perdu pour lui ; « où il est bon, dit-il, il va jusques à l'exquis et à l'excellent, il peut être le mets des plus délicats. » Dans Ronsard même, pourtant si décrié, il sait distinguer « qu'il y a eu assez de bon pour former après lui de très grands poètes », et il reconnaît hautement qu'il est « plein de verve et d'enthousiasme. »

Pas plus en littérature qu'en morale, La Bruyère n'a voulu faire le *législateur ;* assurément ses principes sont très fermes ; mais il ne paraît point tenté de les réduire en prescriptions rigoureuses. Je n'aurai garde de vouloir prêter à Boileau une mine de régent qu'il n'eut jamais ; mais enfin il est certainement plus autoritaire et plus dogmatique que ne fut La Bruyère. Il a rédigé, il a voulu rédiger un code ; il lui a fallu trouver des formules, et les formules ont l'inconvénient d'être

(1) Voir le chapitre *De Quelques Usages*, à la fin.
(2) *De la Société et de la Conversation.*

exclusives ; il n'a pu y échapper. A ses yeux, les
règles qu'il donne prennent la valeur d'articles
de foi ; hors d'elles point de salut. — Le goût de
La Bruyère a le même idéal ; mais il se contente
d'indiquer les limites qu'il y a avantage à respec-
ter ; il ne croit pas que tout soit perdu, si l'on
vient à les franchir. Avec un sens très fin et très
juste, il réserve l'indépendance du génie, même
du talent, et reconnaît que leurs fautes peuvent
être des fautes heureuses ou splendides :

« Il y a des artisans ou des habiles dont l'esprit est
« aussi vaste que l'art et la science qu'ils professent ; ils
« lui rendent avec avantage, par le génie et par l'inven-
« tion, ce qu'ils tiennent d'elle et de ses principes ; ils
« sortent de l'art pour l'ennoblir, s'écartent des règles, si
« elles ne les conduisent pas au grand et au sublime ; ils
« marchent seuls et sans compagnie, mais ils vont fort
« haut et pénètrent fort loin, toujours sûrs et confirmés
« par le succès des avantages que l'on tire quelquefois
« de l'irrégularité. »

Ajoutons enfin que, malgré certains passages
pittoresques que l'on pourrait citer dans les *Sa-
tires* et le *Lutrin*, l'art, au jugement de Boileau, a
pour objet, non le réel, mais le vrai, et, partant,
doit surtout vivre d'abstraction. La Bruyère, lui

aussi, est avant tout épris de vérité ; mais son livre tout entier prouve qu'il ne peut admettre l'élimination du réel. Que l'écrivain vise à exprimer la nature généralisée : rien de mieux, rien de plus haut, à son sens ; mais il doit avoir aussi le droit de peindre cette même nature vue d'aussi près que possible, avec tous les traits de physionomie, tous les détails de caractère que révèle une observation préoccupée d'exactitude. Si, de nos jours, Boileau se fût entendu traiter de *réaliste*, j'imagine que, malgré toutes les explications qu'on eût pu lui donner, il aurait protesté très fort ; La Bruyère point. Voilà pourquoi, si persuadé qu'il soit de la précellence de la raison, quelque défiance qu'il conçoive des écarts de la sensibilité et de l'imagination, la raison lui paraît exiger la subordination, mais non l'asservissement, moins encore la suppression des autres facultés.

> Aimez donc la raison.....

Ce mot, il y eût souscrit, il y a souscrit. Mais il n'eût pas ajouté :

> Que *toujours* vos écrits
> Empruntent d'elle *seule* et leur lustre et leur prix.

Ne nous a-t-il pas fait entendre qu'il était de
ceux « qui écrivent par humeur, que le cœur fait
parler, à qui il inspire les termes et les figures et
qui tirent, pour ainsi dire, de leurs entrailles
tout ce qu'ils expriment sur le papier? » Un écrivain de cette sorte ne pouvait s'en tenir aux généralisations d'un art abstrait.

Ce point est essentiel; c'est l'endroit précis où
La Bruyère s'éloigne le plus de Boileau et de la
doctrine qui prévalait alors. C'est par là que s'explique le choix qu'il a fait de la matière de son livre, et aussi ce qu'il y a de nouveau dans la façon
dont il l'a mise en œuvre.

CHAPITRE II.

L'ART DE LA COMPOSITION ET DU STYLE.

Dès son apparition, l'œuvre de La Bruyère obtint un succès de vogue ; c'est que, sans parler des mérites qui nous la font toujours goûter, elle donna aux lecteurs de ce temps le plaisir de la surprise. On n'avait pas encore connu d'observateur si libre, si complet, si net et si incisif ; surtout on était étonné et ravi de voir un écrivain de talent s'affranchir des formes consacrées.

Depuis trente années, point d'ouvrage qui n'eût été jeté dans le moule d'une composition, sinon forte, au moins régulière. Quiconque publiait un livre tâchait d'approcher, autant que possible, de l'idéal proposé par Descartes, « ce grand géomètre, qui, devenu grand écrivain, *avait traité* des vérités les plus essentielles à l'homme avec les habitudes rigoureuses de l'algébriste, posant ces vérités comme des problèmes, au moyen de mots exacts comme des chiffres, et les résolvant par

un enchaînement de propositions évidentes » (1).
A défaut de cette logique de génie, « on met dans
le discours», suivant le mot de La Bruyère, « tout
l'ordre... dont il est capable ».

Or cette ordonnance, cette régularité a disparu
dans les *Caractères*. Boileau, un ami, mais qui
tenait pour la rhétorique traditionnelle, reproche
à La Bruyère de s'être dispensé des transitions.
Les rédacteurs du *Mercure galant* disent que son
ouvrage « ne peut être appelé livre que parce qu'il
a une couverture et qu'il est relié comme les
autres livres. Ce n'est qu'un amas de pièces détachées. » Seuls les Port-Royalistes s'avisent d'y
reconnaître une *économie*. La Bruyère, il est vrai,
accepta comme sien ce plan qu'on lui prêtait gé-
néreusement ; mais il était au fort de sa querelle
avec les *Théobalde* qui lui faisaient un crime de
n'avoir point « l'art de lier ses pensées », et il
nous semble, comme nous l'avons dit, qu'il se
laissa attribuer un dessein auquel il n'avait
guère songé. En admettant même qu'il y ait
songé un peu, il est clair qu'il ne s'est point

____

(1) Nisard. — *Hist. de la littérature française.*

astreint à le poursuivre avec ordre et méthode.

De nos jours, Sainte-Beuve, moins logicien et plus artiste que MM. de Port-Royal, a cherché à nous persuader que le livre de La Bruyère était construit suivant une architecture très ingénieuse. « La composition, dit-il, pour être dissimulée, n'en est point absente... Il entre et débute en plein sujet par une suite de chapitres dont on ne voit pas très bien d'abord le lien et l'enchaînement : *des Ouvrages de l'esprit, du Mérite personnel, des Femmes, du Cœur, de la Société et de la Conversation.* Mais les quatre chapitres qui suivent vont nous peindre successivement les mœurs des principales classes de la société, des gens de finance et de *Fortune*, des gens de la *Ville*, des gens de *la Cour*, des *Grands* proprement dits et princes du sang, héros ou demi-dieux : le tout se couronnera par un chapitre *du Souverain ou de la République*, avec le buste ou la statue de Louis XIV tout au bout en perspective. La Bruyère, en grand artiste, a disposé les choses de telle façon qu'on arrive à cette image par des degrés successifs, et comme par une longue avenue. L'autel est au centre et au cœur de l'œuvre, un peu plus près de la fin que du commencement et à un endroit élevé d'où il est en vue de toutes parts. Après quoi, l'on passe incontinent au chapitre *de l'Homme*. Des sublimités de Louis le Grand à l'homme vu au naturel, le saut est brusque : La Bruyère est bien capable de l'avoir fait exprès, et, pour mon compte, je ne doute pas de l'intention philosophique qu'il y a mise. Vous êtes violemment secoué sans que rien vous ait averti : c'est ce qu'il a voulu. Chez lui, le manque absolu de transition est souvent un calcul de l'art.

Après avoir peint dans toutes les conditions, et depuis les plus sordides jusqu'aux plus hautes, les mœurs de son temps, l'auteur en vient donc à considérer l'humanité en général ; on voit la gradation. Mais bientôt son dessein paraît s'interrompre et s'oublier dans plusieurs chapitres mêlés et qui ont pour titres : *Des Jugements, de la Mode, de Quelques Usages ;* on va à droite, ou à gauche, à l'aventure, on revient en arrière. Il a cependant à cœur de terminer par ce qu'il y a de plus élevé dans la société comme dans l'homme, la Religion. Avant de montrer et de caractériser la vraie, il avait commencé par flétrir courageusement la fausse, dans le chapitre *de la Mode*. Le chapitre *de la Chaire*, l'avant-dernier du livre, bien qu'essentiellement littéraire, et relevant surtout de la rhétorique, achemine pourtant, par la nature même du sujet, au dernier chapitre tout religieux, intitulé *des Esprits forts* ; et celui-ci, trop poussé et trop développé certainement pour devoir être considéré comme une simple précaution, termine l'œuvre par une espèce de traité à peu près complet de philosophie spiritualiste et religieuse (1). »

Ce n'est certes pas l'esprit qui manque à cette restitution conjecturale du plan de La Bruyère ; mais ne trouvez-vous pas que ce prétendu plan est quelque peu compliqué et apprêté ? ne trouvez-vous pas surtout que, malgré toute l'ingéniosité de Sainte-Beuve, il y a bien de la place encore pour le caprice ?

On a tort de vouloir faire violence aux choses : et, sur cette question du plan des *Caractères*, le mieux est sans doute de s'en rapporter à l'auteur lui-même, lorsqu'il parle de son livre en toute

(1) *Nouveaux Lundis*, t. I.

sincérité. A l'heure où il n'avait point d'attaques
à repousser, point d'adversaires à combattre,
point de préoccupations de polémiste, à l'heure où
il présentait son livre au public, voici comme il
s'exprime sans déguisement :

« Il ne tend qu'à rendre l'homme raisonnable, mais par
« des voies simples et communes, et en l'examinant *in-*
« *différemment, sans beaucoup de méthode et selon que les*
« *divers chapitres y conduisent*, par les âges, les sexes et
« les conditions, et par les vices, les faiblesses et les
« ridicules qui y sont attachés (1). »

Qu'est-ce à dire sinon que la composition du livre
est nulle, qu'il s'est fait tout seul, pour ainsi parler, jour par jour, heure par heure, et non point
sur un plan longuement médité et patiemment
suivi ?

Malgré tout, La Bruyère ne dut pas regretter
cet aveu ; car cette absence de plan, qui provoquait les critiques des hommes de lettres, fut
sans doute, pour la plupart des lecteurs, un des
agréments qui leur firent goûter les *Caractères*.
On commençait à se lasser des majestueuses proportions des œuvres savamment agencées ; le

(1) *Discours sur Théophraste.*

goût changeait insensiblement : aux jardins solennels de Le Nostre beaucoup déjà préféraient les capricieux parterres de Dufresny. A cette fin du grand siècle, qui avait vu tant « de pompeuses merveilles », un art plus libre, plus souple, plus dégagé de l'appareil de la logique et de l'apparat de la rhétorique, pouvait être très bienvenu. Le livre de La Bruyère, en ne s'assujettissant point à une ordonnance étudiée, répondait à ce désir vague encore, mais qui devait bientôt se préciser.

Cette indépendance avec laquelle il échappait à la tradition littéraire pouvait avoir du piquant, mais n'eût point été un mérite, si elle ne lui avait permis de déployer la qualité qui est la grande nouveauté de son livre et la marque de son talent d'écrivain : je veux dire, l'esprit dans le style. « L'on a mis, disait-il, dans les discours, tout l'ordre et toute la netteté dont il est capable ; cela conduit insensiblement à y mettre de l'esprit. » Et Sainte-Beuve ajoute : « Cet esprit que La Bruyère ne trouvait pas assez avant lui dans le style, dont Bussy, Pellisson, Fléchier, Bouhours, lui offraient bien des exemples, mais sans assez de continuité, de consistance ou d'originalité, il l'y voulut donc introduire. » Il est vrai, en effet, que les meilleurs écrivains du XVIIe siècle, même les plus grands, ne furent pas spirituels ; on a le droit de les en louer, de dire qu'ils ont été, ce qui vaut mieux, ingénieux et plaisants à l'occasion ; cela tant que l'on voudra ; mais spirituels ? non pas. Et pourquoi ? c'est que l'esprit, fait avant tout de soudaineté et d'imprévu, ne peut guère s'accommoder d'une composition régulière. L'homme qui compose bien exerce sur ses idées une sévère discipline ; il les fait évoluer comme des soldats dans le rang ; en est-il qui se refusent à y rentrer, il faut les congédier, quoi qu'il en coûte. La régularité ne va pas sans sacrifices. — Bien plus, dans une œuvre composée suivant les règles, les idées sont condamnées, pour ainsi dire, à porter l'uniforme ; elles doivent arborer les mêmes couleurs ; on ne tolère pas même la variété des nuances. Or, les nuances, n'est-ce point à les saisir et à les fixer que consiste surtout l'esprit ?

Tout cela, Doudan l'a compris et exprimé à merveille dans un joli passage qui éclairera ce que nous voudrions ici faire entendre : « Les gens de plus d'esprit, dit-il, sont très sujets à manquer d'ordre. Ils omettent les liaisons, les conciliations entre les idées, parce qu'ils ne croient pas le lecteur assez bête pour n'y pas suppléer. Le fond de l'art d'écrire, c'est de tenir le lecteur pour un idiot, et les personnes dont le goût et l'intelligence sont exercés reprennent, avec raison, comme un défaut, qu'on ne les traite pas ainsi. Il y a bien des motifs secrets de cette exigence. L'extrême clarté ne sert pas seulement à se faire bien entendre ; elle est aussi comme la preuve d'une addition de démonstration pour l'auteur lui-même qu'il ne se laisse pas entraîner par des aperçus confus. C'est pour cela même qu'en rangeant ses idées dans leur ordre véritable, on est tristement forcé de renoncer à une foule de choses qu'on voudrait dire, et que le bon arrangement, à lui tout seul, réfute et repousse, comme contradictoires à ce qu'on entend prouver. »

Comme il n'avait point de visée systématique, comme il n'entreprenait point de démonstration, La Bruyère fit fort bien de se passer d'écrire un ouvrage régulier. La composition est comme un miroir où l'intelligence concentre sur un point toute sa lumière. L'esprit, qui rayonne en tout sens, n'en a que faire. Et l'auteur des *Caractères* eut raison de se contenter de cadres très larges, très souples, où il pût faire entrer tant de choses qu'un plan rigoureux eût écartées. — Ainsi il ne laissait rien perdre de ce que son regard aigu et malin avait noté ; sans craindre la confusion, il pouvait fixer les nuances et exprimer la vérité, non seulement dans sa force, mais aussi dans sa délicatesse.

Cette liberté d'allures, qui permet d'avoir de l'esprit, ne permet pas aussi qu'on en manque. Dans un livre écrit méthodiquement, le lecteur se trouve soutenu, guidé, sinon entraîné, et il suit l'auteur, parfois sans plaisir, du moins toujours sans peine. Mais lorsqu'on lui présente des ob-servations, des réflexions sans lien accusé, des peintures sans suite marquée, il est à craindre qu'il ne se lasse assez vite. Si l'on veut qu'il ne se dérobe point, il faut sans cesse le stimuler, le tenir en haleine, renouveler son intérêt par des surprises habilement variées. La Bruyère sentit cette nécessité. On a dit de lui avec justesse qu'il avait eu toutes les sortes d'esprit : ce qui revient à dire, si l'on veut caractériser l'esprit qu'il a mis dans son œuvre, que la variété en est le trait éminent. « Des portraits, des observations de mœurs, des maximes générales, qui se succèdent sans liaison, voilà les matériaux de son livre. » Voyons comment s'y prit La Bruyère pour les tourner et les retourner en mille façons.

Lui-même a énuméré, dans la Préface des *Caractères*, la plupart des artifices qu'il mit en œuvre pour arriver à diversifier la forme de ses maximes et de ses observations :

« Je sais, dit-il, que j'aurais péché contre l'usage des
« maximes, qui veut qu'à la manière des oracles elles
« soient courtes et concises. Quelqués-unes de ces remar-
« ques le sont, quelques autres sont plus étendues. On
« pense les choses d'une manière différente, et on les ex-
« plique par un tour aussi tout différent, par une sen-
« tence, par un raisonnement, par une métaphore ou
« quelque autre figure, par un parallèle, par une simple
« comparaison, par un fait tout entier, par un seul trait,
« par une description, par une peinture ; de là procède la
« longueur ou la brièveté de mes reflexions. »

Peut-être cette liste, assez longue pourtant, n'est-elle pas complète ; en tout cas, La Bruyère n'annonce rien qu'on ne puisse en effet relever dans son livre. Les *Sentences*, comme il dit, c'est-à-dire des pensées exprimées en un petit nombre de mots frappés comme des médailles, reviennent assez fréquemment : et, pour en citer, l'on n'a guère que l'embarras du choix. Voici, en ce genre, de brèves formules de haute morale :

« Le bon esprit nous découvre notre devoir, notre en-
« gagement à le faire ; et s'il y a du péril, avec péril : il
« inspire le courage, ou il y supplée. »

« Un honnête homme se paye par ses mains de l'ap-
« plication qu'il a à son devoir par le plaisir qu'il sent à
« le faire (1) .»

Voici des apophtegmes de morale pratique:

« L'ennui est entré dans le monde par la paresse (2). »

« Il n'y a rien que les hommes aiment mieux à conser-
« ver et qu'ils ménagent moins que leur propre vie (3). »

Voici des maximes politiques :

« Jeunesse du prince, source des belles fortunes (4). »

« Ne songer qu'à soi et au présent, source d'erreur
« dans la politique (5). »

(1) *Du Mérite personnel.*
(2) *De l'Homme.*
(3) *Id.*
(4) *Du Souverain ou de la République.*
(5) *Des Jugements.*

Ce sont encore des conseils de goût :

« Amas d'épithètes, mauvaises louanges (1). »

ou de rapides et pénétrantes analyses de sentiment :

« L'on confie son secret dans l'amitié, mais il échappe
« dans l'amour (2). »

D'autres fois, au lieu de concentrer sa pensee,
La Bruyère la déploie en ce qu'il appelle un *raisonnement*, c'est-à-dire un développement. Veut-il
faire comprendre tout ce qu'il entre d'illusion
dans le stoïcisme, et comment cette philosophie
n'est qu'un jeu d'esprit ? Il rappellera tous les traits
qu'elle a prêtés au « fantôme de vertu » qu'elle
appelle le sage ; et en regard de cet être de raison
il montrera l'homme réel avec la faiblesse de son
caractère et la frivolité de son esprit (3).

Quand il veut marquer des nuances délicates,
ou distinguer de la réalité des apparences prestigieuses, La Bruyère a recours au procédé parallélique : voyez, au chapitre *de l'Homme*, le mor-

(1) *Des Ouvrages de l'esprit.*
(2) *Du Cœur.*
(3) *De l'Homme.*

ceau très étudié et très poussé sur la jalousie et l'émulation, et aussi, dans le chapitre *du Mérite personnel*, le beau passage sur la vraie et la fausse grandeur.

L'épigramme, le simple *trait*, comme il dit, est une arme qu'il manie volontiers et en perfection :

« Le devoir des juges est de rendre la justice ; leur mé-
« tier, de la différer ; quelques-uns savent leur devoir
« et font leur métier. »

Un fait, lorsqu'il est dans sa nouveauté et qu'il se trouve quelqu'un pour l'exprimer avec force, peut donner de saisissantes leçons ; il porte en lui une puissance de persuasion que n'obtiendraient pas les maximes les plus vigoureuses et les dissertatious les mieux déduites. La Bruyère a vu la ruine lamentable et éclatante de quelques hommes de finance ; et il croit qu'il vaut mieux la retracer d'un trait vif que de moraliser sur la fragilité des richesses.

Voilà par quels moyens La Bruyère sauvait de la monotonie ses observations et ses réflexions morales, les *Mœurs*, comme disait le titre de son livre ; restait à varier aussi les *Caractères*.

Quand il produisit son livre, il le mit, pour ainsi dire, à l'ombre du nom de Théophraste ; mais dès l'abord il déclara qu'il ne voulait point imiter la manière de son devancier. Il y aurait inconvenance, disait-il à peu près, à se mesurer avec un ancien, avec « un auteur d'une grande réputation » ; surtout, la monotonie du procédé de l'auteur grec n'était pas pour l'accommoder. Cela, il ne le disait qu'à mi-voix, de la façon la plus discrète et la plus respectueuse ; cela s'entend pourtant :

> « L'on a cru pouvoir se dispenser de suivre le projet
> « de ce philosophe, soit parce qu'il est toujours perni-
> « cieux de poursuivre le travail d'autrui, surtout si
> « c'est d'un ancien ou d'un auteur d'une grande ré-
> « putation ; soit encore parce que cette unique figure
> « qu'on appelle description ou énumération, employée
> « avec tant de succès dans ces vingt-huit chapitres des
> « *Caractères* (de Théophraste), pourrait en avoir un
> « beaucoup moindre, si elle était traitée par un génie
> « fort inférieur à celui de Théophraste (1). »

Aussi, dans les premières éditions (jusqu'à la quatrième), des *Caractères ou des Mœurs de ce siècle,* ne trouve-t-on presque rien qui rappelle les

____

(1) *Discours sur Théophraste.*

Caractères grecs ; à part un ou deux portraits (Arfure, Dorinne), on n'y voit guère ue ce que La Bruyère appelle des *remarques*, c'est-à-dire des réflexions et des maximes.

Une fois que la preuve de son originalité fut ainsi faite, il craignit moins de donner des « caractères » proprement dits ; et, sa traduction ayant fait connaître l'œuvre de son prédécesseur, on put voir comme il avait su disposer ses tableaux dans des cadres plus souples et plus variés.

C'étaient d'abord des peintures d'un caractère général, des éthopées, comme on dit dans les vieux manuels de rhétorique ; La Bruyère, procédant surtout par généralisation, traçait l'image abstraite d'une passion, d'un ridicule, d'une condition sociale. Les morceaux de ce genre sont d'ordinaire composés à la façon classique ; ils se développent régulièrement et ont, pour ainsi dire, une allure démonstrative. Pour en avoir une idée, il faut lire au chapitre *de l'Homme* le morceau sur l'avarice des vieillards, ou encore, au chapitre *des Ouvrages de l'esprit*, une page spirituelle sur le pédantisme.

C'est par des passages de ce genre que La Bruyère

justifie la différence qu'il avait prétendu établir entre ses *Caractères* et les *Caractères* grecs : « L'on s'est plus appliqué aux vices de l'esprit, aux replis du cœur et à tout l'intérieur de l'homme, que n'a fait Théophraste (1). » Mais, dans son livre, ces pages ne sont point les plus nombreuses, il s'en faut de beaucoup. Il semble même qu'il ne se sente pas tout à fait à l'aise dans ces généralités ; et le plus souvent, alors même qu'il veut exprimer le type de tel ou tel vice, de tel ou tel ridicule, il aime mieux dessiner une figure que composer un groupe.

Dans ces cas, il lui arrive parfois de procéder comme avait fait Théophraste. A la rencontre, le moraliste ancien notait, chez ses contemporains, des traits de flatterie ou d'avarice ; puis, quand il jugeait que sa récolte était assez abondante, il réunissait toutes ses notes et l'on avait le chapitre de la *flatterie* ou de l'*épargne sordide*. La Bruyère en a usé ainsi quand il écrivit son caractère de *Ménalque*, dont il a dit que c'était « un recueil de faits de distraction ».

(1) *Discours sur Théophraste*. (Voir tout le passage.)

Mais cette méthode lui paraît par trop aisée ; il voit bien l'avantage de récolter des notes prises sur le vif, mais il veut mieux lier sa gerbe que Théophraste. Aussi, quand il imite ses « énumérations », il les dispose avec plus d'art. On s'aperçoit moins que ses observations ont été faites à des moments différents et sur diverses personnes ; elles sont plus fondues ; elles ont plus d'unité, elles concourent mieux à donner l'idée, sinon d'un personnage, au moins d'une personnification. La vie sans doute manque encore aux types que La Bruyère exprime ainsi, mais ils sont du moins comme des allégories expressives, et nous ne nous étonnons pas de leur voir porter des noms. Nous en avons une impression analogue à celle que font des figures au trait. Qu'on relise les caractères de *Giton*, le riche, de *Phédon*, le pauvre, de *Basilide,* le nouvelliste tant-mieux, de *Démophile,* le nouvelliste tant-pis ; l'on aura des spécimens accomplis de la catégorie de Caractères que nous venons d'essayer de faire connaître.

Dans sa galerie, La Bruyère a placé encore des peintures qui tiennent le milieu entre le type et le portrait. De celles-là, sans nous préoccuper de savoir si elles ont un original, avant d'avoir lu les mémoires du temps, avant d'avoir consulté les clefs, nous sommes tenté de dire : Comme elles sont ressemblantes ! C'est que l'art de l'écrivain, en leur laissant leur généralité, a su faire disparaître toute trace d'abstraction et leur donner la vie ; après avoir observé un individu, il a pu rendre tout le relief de sa physionomie, bien qu'il l'ait modifiée en vue d'une application générale. *Ménippe*, à coup sûr, caractérise à merveille l'incapacité vaniteuse ; et pourtant nous sentons bien qu'avec lui nous n'avons point affaire à une simple personnification ; il nous paraît un être en chair et en os ; nous ne serions pas surpris de le rencontrer dans le monde, et nous pourrions l'y reconnaître sans faute :

« Ménippe est l'oiseau paré de divers plumages qui ne « sont pas à lui ; il ne parle pas, il ne sent pas ; il répète « des sentiments et des discours, se sert même si natu- « rellement de l'esprit des autres, qu'il y est le premier « trompé, et qu'il croit souvent dire son goût ou expli- « quer sa pensée, lorsqu'il n'est que l'écho de quelqu'un « qu'il vient de quitter....... Incapable de savoir jusqu'où « l'on peut avoir de l'esprit, il croit naïvement que ce « qu'il en a est tout ce que les hommes en sauraient avoir.

« *Il se parle souvent à soi-même et il ne s'en cache pas, ceux*
« *qui passent le voient, et qu'il semble toujours prendre un*
« *parti, ou décider qu'une telle chose est sans réplique*.......
« L'on juge en le voyant qu'il n'est occupé que de sa per-
« sonne, qu'il sait que tout lui sied bien, et que sa parure
« est assortie ; qu'il croit que tous les yeux sont ouverts
« sur lui, et que les hommes se relayent pour le con-
« templer (1). »

Enfin, à côté des *Caractères* se placent de véritables portraits. Quelques-uns, représentant de
grands personnages, le prince de Condé, le roi
Louis XIV, sont peints avec fermeté, mais non
sans quelques retouches flatteuses pour le modèle;
d'autres, comme celui de Santeul (*Théodas*), nous
offrent de fidèles et plaisantes images de leurs
originaux. Parfois même La Bruyère n'a pas craint
de faire des caricatures (2). L'abbé Fleury, son
successeur à l'Académie, veut voir en cela une
preuve de sa bonté d'âme ; d'après lui, ces peintures auraient été « quelquefois chargées exprès
pour ne pas les faire trop ressemblantes ». On
peut douter que La Bruyère ait éprouvé ce

(1) *Du Mérite personnel.*
(2) Voir les portraits des maniaques au début du chapitre *de la
Mode*. Ce sont des caricatures de personnages contemporains de La
Bruyère et que chacun reconnut.

scrupule charitable ; il y a plus d'apparence que ces *charges* avaient pour but de donner à son livre plus de nouveauté et de gaîté piquante.

Plus encore que dans les tours si nombreux où il jette ses réflexions et ses remarques, plus que dans la facture si habilement renouvelée de ses peintures, c'est dans son style que se marque son goût et sa préoccupation de variété.

Sa prose, et c'est là ce qui frappe tout d'abord, peut se mettre à toutes les allures, prendre tous les mouvements. Tantôt il déduit posément ses idées, comme quelqu'un dont la conviction est pleine et sûre, et qui n'admet pas de réplique ; tantôt, se souvenant de l'ironie socratique, il interroge son lecteur, le presse de questions, jusqu'à ce qu'il l'ait contraint de faire une réponse à son gré. Parfois, dès le début d'un morceau, il interpelle brusquement le personnage auquel il a affaire et le prend directement à partie :

« Si vous êtes né vicieux, ô Théagène, je vous plains ; si
« vous le devenez par faiblesse pour ceux qui ont intérêt
« que vous le soyez, qui ont juré entre eux de vous cor-
« rompre, et qui se vantent déjà de pouvoir y réussir,
« souffrez que je vous méprise (1). »

(1) *Des Grands.*

Ailleurs , après avoir présenté une réflexion sous la forme la plus générale et dans le langage le plus calme, on le voit s'échapper soudain en une vive apostrophe, comme s'il se trouvait en présence des hommes et des circonstances qui ont provoqué sa remarque :

> « Bien des gens vont jusques à sentir le mérite d'un
> « manuscrit qu'on leur lit, qui ne peuvent se déclarer en
> « sa faveur, jusques à ce qu'ils aient vu le cours qu'il
> « aura dans le monde par l'impression..... Un bel
> « ouvrage tombe entre leurs mains, c'est un premier ou-
> « vrage, l'auteur ne s'est pas encore fait un grand nom,
> « il n'a rien qui prévienne en sa faveur; il ne s'agit
> « point de faire sa cour ou de flatter les grands en
> « applaudissant à ses écrits : on ne vous demande pas,
> « Zélotes, de vous récrier (1) », etc.

Il arrive aussi à La Bruyère de prêter à ses héros des monologues ; en ce cas, d'ordinaire, il veut faire ressortir la contradiction qu'ils mettent entre leurs actes et leurs paroles, entre leurs projets et leur conduite :

> « Les deux tiers de ma vie sont écoulés : pourquoi tant
> « m'inquiéter sur ce qu'il m'en reste? La plus bril-

(1) *Des Ouvrages de l'esprit*

« lante fortune ne mérite point ni le tourment que je me
« donne, ni les petitesses où je me surprends, ni les
« humiliations, ni les hontes que j'essuie..... etc.....
« N*** a pensé cela dans sa disgrâce et l'a oublié dans
« la prospérité (1). »

Ou bien, tandis qu'il nous représente un original en action, il le fait parler tout à coup, sans
nous en prévenir par rien, mais de façon que
nous ne puissions pas nous y méprendre, et
l'accent du langage complète ainsi la vérité des
gestes et des attitudes. Voyez ces hommes
vains, *légers*, *familiers*, *délibérés*, qui font les
importants dans le monde :

« Ils font taire celui qui commence à conter une nou-
« velle pour la dire de leur façon..... ils s'approchent
« de l'oreille du plus qualifié de l'assemblée pour lui
« dire une histoire ; vous désirez la savoir, vous les
« pressez de vous la répéter : peine perdue. Il y a des
« choses qu'ils ne diront pas ; il y a des gens qu'ils ne
« sauraient nommer, leur parole y est engagée ; c'est
« le dernier secret, c'est un mystère (2). »

N'est-il pas vrai qu'après avoir assisté à leur
manège, nous entendons leur voix ? — Il y a aussi

(1) *De la Cour.*
(2) *De la Société et de la Conversation.*

des dialogues dans les *Caractères ;* l'auteur, dans certains, est un des interlocuteurs; dans d'autres, comme dans la scène d'*Irène* à Epidaure, il fait converser deux personnages de sa façon .

« *Irène* se transporte à grands frais en Épidaure, voit Esculape dans son temple, et le consulte sur tous ses maux. D'abord elle se plaint qu'elle est lasse et recrue de fatigue, et le dieu prononce que cela lui arrive par la longueur du chemin qu'elle vient de faire. Elle dit qu'elle est le soir sans appétit ; l'oracle lui ordonne de dîner peu ; elle ajoute qu'elle est sujette à des insomnies, et il lui prescrit de n'être au lit que pendant la nuit: elle lui demande pourquoi elle devient pesante, et quel remède ; l'oracle répond qu'elle doit se lever avant midi et quelquefois se servir de ses jambes pour marcher ; elle lui déclare que le vin lui est nuisible ; l'oracle lui dit de boire de l'eau ; qu'elle a des indigestions, et il ajoute qu'elle fasse diète. Ma vue s'affaiblit, dit Irène : Prenez des lunettes, dit Esculape. Je m'affaiblis moi-même, continue-t-elle, et je ne suis ni si forte ni si saine que j'ai été : C'est, dit le dieu, que vous vieillissez. Mais quel moyen de guérir de cette langueur ? Le plus court, Irène, c'est de mourir comme ont fait votre mère et votre aïeul. Fils d'Apollon, s'écrie Irène, quel conseil me donnez-vous ? Est-ce là toute cette science que les hommes publient, et qui vóus fait révérer de toute la terre ? Que m'apprenez-vous de rare et de mystérieux ? Et ne savais-je pas tous ces remèdes que vous m'enseignez ? Que n'en usiez-vous donc, répond le dieu, sans venir me chercher de si loin, et abréger vos jours par un long voyage ?

La mort n'arrive qu'une fois, et se fait sentir à tous les moments de la vie : il est plus dur de l'appréhender que de la souffrir (1). »

C'est enfin un de ses procédés familiers que de concentrer en quelques mots rapides, comme en un faisceau, tous les traits d'une description ou d'un développement :

« Il y a des âmes sales, pétries de boue et d'ordure, « éprises du gain et de l'intérêt, etc..... De telles gens « ne sont ni parents, ni amis, ni citoyens, ni chrétiens, « ni peut-être des hommes : ils ont de l'argent (2). »

Ce style prend tous les tons comme toutes les allures, mais c'est le ton de la satire qui domine : il se plie à bien des inflexions diverses.

Surtout La Bruyère aime à donner à son langage l'accent ironique ; c'est par l'ironie qu'il trahit l'amertume dont le spectacle de certaines bassesses emplit son âme :

« Quand je vois de certaines gens, qui me prévenaient « autrefois par leurs civilités, attendre au contraire que « je les salue, et en être avec moi sur le plus ou le « moins, je dis en moi-même : Fort bien, j'en suis ravi ; « tant mieux pour eux: vous verrez que cet homme-ci

(1) *De l'Homme.*
(2) *Des Biens de fortune.*

« est mieux logé, mieux meublé et mieux nourri qu'à
« l'ordinaire ; qu'il sera entré depuis quelques mois
« dans quelque affaire, où il aura déjà fait un gain
« raisonnable. Dieu veuille qu'il en vienne, dans peu de
« temps, jusqu'à me mépriser (1) ! »

Et c'est aussi quelquefois par l'ironie que
La Bruyère exprime la gaieté malicieuse, mais
non maligne, où il entre à la vue de ridicules
inoffensifs. N'est-il pas vrai qu'il faut lire sur
un ton presque bouffon certains passages des *Caractères*, par exemple le portrait de l'amateur de
prunes ?

« O l'homme divin, en effet ! homme qu'on ne peut ja-
« mais assez louer et admirer ! homme dont il sera
« parlé dans plusieurs siècles ! Que je voie sa taille et
« son visage pendant qu'il vit ; que j'observe les traits
« et la contenance d'un homme qui seul entré les
« mortels possède une telle prune (2) ! »

Enfin, dans ce livre qui, par la nature même
de son sujet, devait être surtout agressif, il y a
parfois pourtant des notes attendries et d'une
mélancolie pénétrante. Sainte-Beuve, qui goûtait
très fort le beau portrait d'*Arténice* (3), disait

(1) *Des Biens de fortune.*
(2) *De la Mode.*
(3. *Des Jugements*

qu'il ne le pouvait lire sans songer à André Chénier. « Je dis André Chénier à dessein, malgré la
disparate des genres et des noms, et chaque fois
que j'en viens à ce passage de La Bruyère, le
motif aimable,

Elle a vécu Myrto, la jeune Tarentine, etc.,

me revient en mémoire et se met à chanter en
moi. » Et, en vérité, la page du prosateur n'est pas
moins gracieuse que les vers du poète ; l'on y sent
même une émotion plus pleine et plus sincère.

Il ne suffit pas à La Bruyère d'inventer, pour
ses maximes ou ses peintures, des cadres multi-
formes, de renouveler sans cesse l'allure de sa
pensée et le ton de son langage ; dans les détails
de son élocution on trouve, à un degré au moins
égal, cette multiplicité de ressources, cette variété
de son esprit si agile et si vif.

Venu à la fin d'un siècle très épris du bien dire,
où chaque écrivain avait fait ou s'était fait soigneusement une rhétorique, où les questions de gram-
maire ne cessaient pas d'être à l'ordre du jour,
il vit à merveille les voies que l'on avait suivies,
celles dont on s'était détourné et qu'on pouvait

reprendre, celles aussi qu'il était possible d'ouvrir.

Il lui paraissait que, depuis vingt années, l'on était devenu trop puriste ; tout en reconnaissant que « l'on a enrichi la langue de nouveaux mots », il regrette qu'on ait appauvri le vocabulaire de bien des termes anciens, qui avaient rendu de longs services, « sans qu'on sût quel mot leur substituer ». Il serait, quant à lui, assez disposé à « se commettre pour eux dans son ouvrage » ; mais il connaît la toute-puissance de l'usage, et ce n'est qu'avec une grande prudence qu'il se risque à s'y dérober. Les vieux mots sont assez rares dans son livre ; quand on a cité *jovial, recru, pécunieux*, on est tout près d'en avoir fait le compte ; encore La Bruyère prend-il soin de les faire imprimer en italiques. Pourtant, si timide qu'elle soit, cette tentative a sa valeur ; ce fut comme un signal ; et l'on sait comme, depuis La Bruyère, on a remis en honneur les termes de notre vieux langage.

Il a montré plus de hardiesse en employant, dans la langue littéraire, quantité de mots techniques qu'eût bannis la délicatesse des Bouhours et des Fléchier. Il fait des emprunts au vocabulaire du droit et de la procédure ; il écrit *obmettre*, *apparoir*, il *appert* ; en plus d'une rencontre, il ne craint pas de laisser voir qu'il a passé par le Palais. Les lexiques de l'art militaire et du blason sont aussi mis à contribution : ne voyons-nous pas, dans les *Caractères*, de faux braves qui nous

« étourdissent de flancs, de redans, de ravelins, de
« fausse-braie, de courtines et de chemin couvert ? »

Et, quand La Bruyère met les *Sannions* en scène, ne nous dit-il pas que

« ceux-là portent les armes pleines, ceux-ci brisent d'un
« lambel..... qu'ils ont avec les Bourbons, sur une même
« couleur, un même métal ; qu'ils portent, comme eux
« deux et une ? »

De même il use de la terminologie de l'agriculture : il sait ce que sont « guérets, baliveaux, provins et regains ». A l'occasion même, il donne l'hospitalité à des mots venus des boutiques des marchands ou des ateliers des artisans. Nous avons dit ailleurs qu'il aimait à se servir des expressions à la mode, des mots *aventuriers*, comme il dit. Et, si l'on songe, enfin, qu'une habile mise en œuvre lui permet de donner un sens nouveau à

des termes déjà connus, qu'il en est même de
créés heureusement par lui (le dédain et le *ren-
gorgement* dans la société attirent précisément le
contraire de ce que l'on cherche), l'on comprendra
quel service il rendit à la langue, en réagissant
contre un purisme qui aurait enlevé à notre vocabulaire toute richesse et toute variété.

Les puristes, à son gré, commettaient une erreur
du même genre quand, uniquement préoccupés de
régularité, ils rendaient notre syntaxe raide et
uniforme.

« L'on écrit régulièrement depuis vingt années, dit-il ;
« l'on est esclave de la construction..... ; l'on a secoué le
« joug du latinisme et réduit le style à la phrase pure-
« ment française. »

Voilà, ce semble, des éloges ; mais il faut
lire les réserves, et même les critiques, entre
les lignes. On voit bien en effet, dans la pratique
de La Bruyère, qu'il ne consentit point à se faire
« esclave de la construction » et à se réduire à
« la phrase purement française. » Sa culture classique ne l'engageait point à se priver des ressources que lui offraient les syntaxes latine et
grecque, en ce qu'elles ont de compatible avec le

génie de notre langue. On pourrait sur ce point faire une curieuse étude. Mais nous n'avons pas ici tant de loisir, et quelques exemples suffiront à montrer ce que nous voulons faire entendre. N'est-ce point un hellénisme que le tour, cher à La Bruyère, qui consiste à employer substantivement les adjectifs ?

« Où ils voient *le solide*, ils en excluent *l'agréable*. »

Ne retrouve-t-on pas les habitudes de la langue grecque, dans cette construction de la préposition avec un infinitif ?

« Je me rachèterai toujours fort volontiers d'être « fourbe par être stupide et passer pour tel. »

Ne relève-t-on pas dans les *Caractères* des exemples de cet idiotisme que les hellénistes appellent attraction ?

« Comment voulez-vous qu'Erophile, à qui le manque « de parole, les mauvais offices, la fourberie, bien loin « de nuire, ont mérité des grâces..... ? » etc.

A qui, dans cette phrase, sert à la fois de complément indirect à *nuire* et à *ont mérité*. Nous écririons aujourd'hui : bien loin de *lui* nuire. Il semble vraiment que nous pourrions, sans dommage, nous passer de ce pronom. C'est ce que pensait La Bruyère, et, moins préoccupé de la régularité que de la concision, il construisait sa phrase à la façon des Grecs. Variété, rapidité, concision, voilà les qualités que vise la syntaxe propre à notre auteur ; bien entendu, les droits de la clarté sont toujours réservés. C'est ce qui explique que l'on remarque chez lui un si grand nombre de ces faits que les grammairiens nomment ellipses, syllepses, anacoluthes ; et sans doute c'est à cela que pensait Voltaire quand il disait que La Bruyère « avait fait un usage tout nouveau de la langue, mais qui n'en blesse pas les règles. »

Pour ces raisons purement grammaticales, il devait substituer à la phrase périodique, très en faveur chez ses contemporains, la phrase coupée, alerte, armée à la légère et sans bagages. Qu'eût fait d'ailleurs la période dans son livre ? La période est par essence un instrument de persuasion. Or La Bruyère n'a pas de doctrine à développer, pas de démonstration à faire. Il songe moins à exposer toute sa pensée qu'à susciter la pensée de son lecteur ; et il est si loin de vouloir tout dire que souvent au contraire il use, comme l'a dit La Harpe, d'une sorte de réticence « qui ne produit pas l'embarras de comprendre, mais le plaisir de deviner. »

Quant aux qualités plus intimes du style proprement dit, La Bruyère, en une formule excellente, nous a dit comment il les concevait :

« Tout l'esprit d'un auteur consiste à bien définir et à « bien peindre. »

Bien définir, c'était, pour lui, non pas seulement faire connaître les objets par leurs caractères les plus généraux, mais plutôt en saisir et en fixer les nuances les plus délicates. Aussi jugeait-il qu'

« entre toutes les expressions qui peuvent rendre une « seule de nos pensées, il n'y en a qu'une qui soit la « bonne. »

Mais pour atteindre à cette extrême précision, il faut passer par bien des degrés, et cette marche de l'esprit, La Bruyère ne croit pas indifférent de la marquer : delà l'emploi qu'il fait des synonymes,

qui, dans son style, n'expriment point simplement
une même idée, mais plutôt ses aspects divers. Il
atteint ainsi une justesse délicate qu'on ne rencontre peut-être au même degré chez aucun autre
écrivain, dont aucun, à coup sûr, n'offre des
exemples si fréquents et si continus.

Bien peindre, c'était, à son gré, la seconde
condition de l'art d'écrire ; et, en passant, on ne
peut s'empêcher de remarquer combien cette idée
était nouvelle en un temps où l'abstraction règne
dans la plupart des écrits. Aussi les métaphores
abondent-elles, plus que toutes les autres figures
de style, dans l'ouvrage de La Bruyère. Il sentait
bien que l'expression propre ne rend que l'idée,
mais ne peut traduire l'impression, le sentiment
qui l'accompagnent, que, pour les exprimer, il
faut des images.

« Les esprits justes, dit-il, et qui aiment à faire des
« images qui soient précises, donnent naturellement dans
« la comparaison et la métaphore. »

Il semble même que son goût du pittoresque
lui ait attiré certaines critiques. Les lignes sui-
vantes ont l'air de répondre à une attaque :

« L'on peut, en une sorte d'écrits, hasarder de certaines
« expressions, user de termes transposés et qui peignent
« vivement, et plaindre ceux qui ne sentent pas le plaisir
« qu'il y a à s'en servir ou à les entendre. »

Si d'ailleurs on voulait caractériser les images
que nous offre le style de La Bruyère, on pourrait
dire qu'elles sont toujours proportionnées aux
idées, aux vérités qu'il veut faire entendre. La
pensée, l'observation de l'auteur des *Caractères* se
tiennent, nous l'avons remarqué, dans les régions
tempérées : aussi ne rencontrera-t-on point chez
lui d'images poétiques, comme dans Vauvenargues,
par exemple : « Les longues prospérités s'écoulent
quelquefois en un moment, comme les chaleurs
de l'été sont emportées par un jour d'orage. »
Comme il a vu la vie telle qu'elle est, sans illusion,
sans mirage, les métaphores de La Bruyère ne sont
jamais éclatantes, et, pour être vives, n'en gardent
pas moins toujours une couleur bourgeoise. Pour
l'homme qui n'est point en place, l'intrigant ne
trouve pas un mot d'éloge ; La Bruyère dira de
lui qu'il a une *sécheresse de pulmonique*. Ces métaphores, quelquefois aussi, lorsque l'écrivain se
laisse aller au dégoût ou à la colère en présence

des vilenies et des turpitudes humaines, sont
marquées d'une trivialité violente :

« Il est vieux et usé, dit un grand ; il s'est *crevé* à mon
« service. Qu'en faire? » — « La raillerie, l'injure, l'in-
« sulte leur *découlent* des lèvres comme leur salive. »

On voit, en somme, qu'à bien des égards La
Bruyère apportait dans la prose française une
manière nouvelle ; il se dispensait de donner à son
livre les formes de composition traditionnelles ;
il refusait de faire entrer sa phrase dans le moule
consacré de la période ; enfin il voulait mettre
dans le style, non plus seulement de la lumière,
mais aussi de la couleur. Mais ces tentatives de
renouvellement, nullement timides, restaient
mesurées. En se débarrassant des formes logi-
ques, il conservait à la raison tous ses droits,
tout son empire. Sa phrase, coupée, concise et
nerveuse, se garde toujours d'être tronquée,
estropiée ; et, quand il s'efforce de donner à son
style une couleur vive et saisissante, ce n'est
point à la façon de ceux qui montrent « un feu
grégeois » qui surprend les lecteurs ou « des
éclairs qui les éblouissent. »

CONCLUSION

« Heureux homme... que La Bruyère ! écrivait Sainte-Beuve à la fin d'un article de ses *Nouveaux Lundis*. Son talent regarde deux siècles, sa figure appartient à tous les deux ; il termine l'un ; on dirait qu'il commence et introduit l'autre. »

On ne saurait mieux marquer la place qu'occupe La Bruyère dans l'histoire de notre littérature. Par bien des côtés, en effet, il dépasse le temps où il a vécu, et semble aller au-devant du siècle qui s'avance.

Il garda jalousement son indépendance dans la vie privée ; il subit avec une résignation fière la condition subordonnée qui lui était faite ; et, entre tous les littérateurs de son temps, il tint ainsi une posture peut-être unique. Personne n'eut au même degré que lui le souci de préserver de toute atteinte sa liberté de penseur et sa dignité d'homme ; Boileau lui-même se fit très humble, à certaines heures, devant Louis XIV.

A un moment de dévotion outrée, La Bruyère ne craignit pas de railler les excès de zèle et la superstition ; bien plus, il écrivit un ouvrage de morale où il montre que la religion sans doute est la meilleure garantie et le plus noble couronnement de la moralité, mais où il laisse voir à qui sait lire que la moralité lui paraît possible en dehors de toute croyance religieuse.

Quand il examine le gouvernement sous lequel il vit, la société qu'il a sous les yeux, on sent qu'il éprouve d'étranges inquiétudes et fait des réserves inconnues jusqu'alors. Ses contemporains ont l'adoration de la monarchie ; lui, la subit, ou, si l'on veut, il l'accepte, mais sans enthousiasme. Autour de lui le roi est un objet d'idolâtrie ; il le respecte, il l'admire même, mais, devant lui, n'abdique point son droit de critique. L'organisation sociale de ce temps, fondée sur l'inégalité, ne lui fait concevoir ni l'idée, ni l'espoir d'une révolution ; mais elle froisse les sentiments de justice qu'il a dans l'âme, et blesse la pitié qu'il éprouve pour les humbles.

Son talent d'écrivain nous semble enfin présenter je ne sais quoi de vif et de hardi qui le fait se détacher sur le fond un peu solennel et un peu compassé de la littérature de ce temps. On sent aisément chez lui quelque chose qui présage la façon d'écrire de Voltaire et de Montesquieu.

Oui, ce sont là les remarques qu'il faut faire et qui permettent de prétendre qu'il fut en quelque façon un précurseur du xviiie siècle. Par là La Bruyère se trouve, pour ainsi dire, plus voisin de nous ; nous le trouvons ainsi plus accessible ; il devient parmi nous plus populaire, et nous sommes disposés à l'aborder comme de plain-pied.

Mais aussi ce qu'on ne doit pas manquer de dire, ce sur quoi il faut insister, c'est que La Bruyère reste attaché au xviie siècle par des liens solides, et qu'il y a en lui la forte sève des vrais écrivains classiques.

Comme penseur, il a pu être sollicité, inquiété par des idées nouvelles ; mais jamais elles ne l'ont agité et dominé au point de lui inspirer des passions révolutionnaires ou de le jeter dans des rêves utopiques. Son âme généreuse s'irrite de l'insolente vanité des grands et de leur dureté, souffre des misères des humbles et de leur oppression. Il ne va pas pourtant à l'excès où Rousseau se

laissera bientôt emporter ; les vices de la noblesse
ne l'empêchent pas de voir les défauts du peuple.
La passion ne fait point dévier son droit sens, et il
sait qu'on ne peut pas attendre de ces misérables
toutes les vertus et tous les mérites uniquement
parce qu'ils ont souffert. Dans ses plus grandes
hardiesses, il ne quitte jamais le terrain solide de
la raison.

De même son art, malgré tout ce qu'il a de nouveau, reste, en ses traits essentiels, l'art des
grands maîtres du xviiᵉ siècle. L'abstraction, chez
lui, voit son domaine se restreindre ; la rhétorique
traditionnelle est abandonnée ; les détails du style
s'égaient et se colorent. Mais ce qui domine encore,
c'est le souci du vrai, le goût du naturel, le sentiment de la mesure. Gardons-nous donc de trop
tirer La Bruyère vers le xviiiᵉ siècle, et disons,
comme Sainte-Beuve, qui fut un des premiers à
marquer comment il est un écrivain de transition :
« La Bruyère en est encore, de son siècle incom-
parable, en ce qu'au milieu de tout ce travail con-
tenu de nouveauté et de rajeunissement, il ne
manque jamais, au fond, d'un certain goût
simple. »

Par ce qu'il a d'avenir dans l'esprit, par les séductions de sa forme, par les garanties que présente sa raison, solide et son goût mesuré, La
Bruyère mérite d'être, comme il l'est en effet, un
des auteurs favoris de la jeunesse. Aussi, en ter-
minant ce volume écrit pour de jeunes lecteurs,
leur rappellerons-nous le conseil connu sur la
façon de lire les *Caractères* : « Peu à la fois et souvent ; suivez la prescription et vous vous en trouverez bien pour le régime de l'esprit. » Nous avons
la confiance qu'ils n'y fermeront pas l'oreille.

TABLE DES MATIÈRES